Die Merseburger Zaubersprüche

Historisches Stadtsiegel Merseburg, 13. Jahrhundert ➢

Dr. Peter Ramm,
geb. 1938 in Halle an der Saale, Romanist, Kunsthistoriker, Denkmalpfleger, Promotion über die Baugeschichte des Merseburger Domes. Zahlreiche Veröffentlichungen zu Themen der Merseburger Geschichte und Kunstgeschichte, zum mitteldeutschen Barock und zur mittelalterlichen Backsteinarchitektur

Peter Ramm

Stadtführer
Merseburg und Umgebung

Mitteldeutscher Verlag

Liebe Leserinnen und Leser, liebe Gäste,

ich freue mich, Ihnen mit dem vorliegenden Reiseführer „Merseburg und Umgebung" einen interessanten Streifzug durch eine über tausendjährige europäische Kulturgeschichte im mitteldeutschen Raum vorstellen zu können. Hierfür steht insbesondere die historische Entwicklung von Merseburg als eine der ältesten Städte Deutschlands. Als Krönungsort und Wirkungsstätte deutscher Kaiser und Könige sowie als Sitz der bischöflichen und preußischen Verwaltung strahlte Merseburg stets auch auf seine Umgebung ab. Seit über 7.000 Jahren der Besiedlung haben hier die Menschen Spuren hinterlassen, haben Bauwerke von einzigartiger Schönheit errichtet und reizvolle Landschaften gestaltet, die bis heute die meist unvermutete Vielfalt einer geschichtsträchtigen Region dokumentieren. Ich lade Sie ein, auf den Spuren Heinrichs I. und weiterer historischer Persönlichkeiten durch die Geschichte der Stadt und ihrer Umgebung zu wandeln. Erleben Sie in Merseburg mit Dom- und Schlossensemble, der romanischen Neumarktkirche oder dem Altenburger Kloster geschichtsträchtige und einmalige Kleinode der Baukunst. Erfahren Sie in Bad Dürrenberg auf dem mit 850 Metern längsten zusammenhängenden Gradierwerk Europas mehr über die Geschichte der Saline und der Salzgewinnung und lernen Sie in Bad Lauchstädt das kursächsische Modebad des 18. Jahrhunderts mit seinem historisch einmaligen Goethe-Theater kennen. Im Geiseltal, in dem bereits im 17. Jahrhundert Braunkohle abgebaut wurde, werden Sie Zeuge der Entstehung eines der größten künstlichen Seen Deutschlands sein.

Ich wünsche Ihnen einen angenehmen Aufenthalt voller unvergesslicher Momente beim Entdecken und Kennenlernen einer einzigartigen Vielfalt.

Mit herzlichen Grüßen
Ihr

Frank Bannert
Landrat des Saalekreises

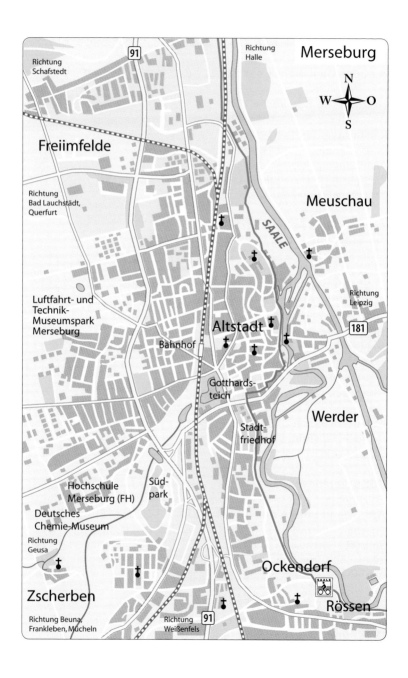

Merseburg – Eine alte Stadt in Mitteldeutschland

Merseburg an der Saale, die Stadt der „Zaubersprüche", Industrie- und Hochschulstandort im Wirtschaftsraum Halle-Leipzig, ist eine der ältesten und geschichtsträchtigsten Städte in Mitteldeutschland. Sie hat sehenswerte Zeugnisse ihrer großen Geschichte bewahren können, und sie ist, für viele Besucher überraschend, auch eine Stadt im Grünen mit interessanten Landschaftsräumen in ihrer Umgebung.

Das Image einer grauen Stadt in grauer Umgebung hat sie in den Jahren nach der Wende vergessen machen können. Seit über tausend Jahren ist sie ein zentraler Ort der Region geblieben, heute Kreisstadt

Morgenrot über der Stadt – der Turm der Stadtkirche St. Maximi ist der höchste von Merseburg

des modernen Saalekreises, des wirtschaftlich leistungsstärksten Landkreises im Bundesland Sachsen-Anhalt. Die Industrie, vor allem die chemische Großindustrie um die Stadt, um Leuna und Schkopau, ist zu neuer Blüte gebracht worden, zahlreiche mittelständische Betriebe haben sich in den beiden Industriegebieten der Stadt selbst angesiedelt. Die Hochschule Merseburg (FH) und das Klinikum „Carl von Basedow" arbeiten eng mit der benachbarten Martin-Luther-Universität Halle-Wittenberg zusammen. Nicht zuletzt hat der Kultur-Tourismus die alte Stadt am Fluss als interessanten Zielort angenommen. Die Landesprojekte „Straße der Romanik", „Blaues Band" und „Gartenträume" beziehen Merseburg mit seinen Denkmälern und seiner Umgebung ein, der Saale-Radwanderweg bietet Gelegenheit zur Rast. Dom und Schloss, Museen, Galerien und Archive laden ein. Herausragendes kulturelles Ereignis sind die traditionsreichen internationalen „Merseburger Orgeltage" alljährlich Mitte September, Mitte Juni ist das „Merseburger Schlossfest" mit seinem historischen Umzug die Attraktion für zahlreiche Besucher aus nah und fern.

Aus der Geschichte der Stadt

Die Anfänge

Die ältesten Zeugnisse weisen weit in die Vorgeschichte zurück. Seit über 7.000 Jahren, seit der jüngeren Steinzeit, ist eine kontinuierliche Besiedlung des Stadtgebiets archäologisch nachgewiesen. In der schriftlichen Überlieferung erscheint Merseburg zum ersten Mal in der Karolingerzeit um die Mitte des 9. Jahrhunderts. Damals wurden in einem – nicht datierten – Dokument des hessischen Klosters Hersfeld für die Region westlich der Saale zwischen Unstrut und Süßem See, den sogenannten Hassegau, die Orte aufgelistet, in denen dem Reichskloster Zehnteinkünfte zustanden. Merseburg fällt in diesem umfangreichen Verzeichnis durch den Zusatz: *„civitas"* auf. Wie der auf „-burg" endende Stadtname, der sich einer zuverlässigen Deutung entzieht, lässt er auf eine stadtähnliche, befestigte Siedlung schließen. Diese „Stadt" Merseburg war offensichtlich bereits damals ein Zentralort der Region, vermutlich der Sitz eines Grafen.

Hersfelder Zehntverzeichnis, Abschrift 11. Jahrhundert

Die Stadt im Mittelalter

„Antiqua civitas", „Alte(n)burg", nannte der Chronist Bischof Thietmar von Merseburg (1009–1018) den größeren nördlichen Teil des hohen Saaleufers. Er unterschied diese Altenburg von einer (von ihm allerdings nie so genannten) neuen Burg am südlichen Ende des Hügels: Dort war, vermutlich gegen Ende des 8. Jahrhunderts, zur Zeit Karls des Großen, eine neue Burg mit einer Martinskapelle errichtet worden und dort befand sich mit dem Dom auch Thietmars Bischofsresidenz. Seine berühmte Chronik gilt als eine der wichtigsten Quellen für das Zeitalter der Ottonen.

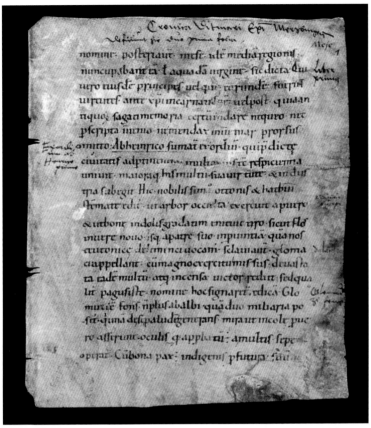

Die erste erhaltene Seite vom Originalmanuskript der Chronik des Thietmar von Merseburg

Thietmar beginnt seine Chronik mit Heinrich I. In ihm sah er den eigentlichen Gründer Merseburgs. Heinrich, künftiger König eines *„regnum Francorum"*, aus dem Deutschland hervorgehen sollte, kam um das Jahr 906 nach Merseburg, um Hatheburch, die verwitwete Erbtochter des in der Merseburger Altenburg reich begüterten Grundherrn Ervin (er war vermutlich Graf im Hassegau), zu heiraten, „wegen ihrer Schönheit und der Brauchbarkeit ihres reichen Erbes". So liest sich die Heiratsmotivation bei Bischof Thietmar, der tadelnd darauf hinweist, dass Hatheburch eigentlich schon den Klosterschleier genommen hatte.

Von Heinrich und Hatheburch

„Inzwischen erhielt Heinrich Kunde von einer Dame namens Hatheburch und suchte sie in jugendlichem Liebesfeuer sich zu verbinden. Sie war eine Tochter des Herrn Ervin, der den größten Teil der Merseburger besessen und, da ihm ein Sohn fehlte, sterbend seinen beiden Töchtern hinterlassen hatte. Ob ihrer Schönheit und der Brauchbarkeit ihres reichen Erbes entsandte Heinrich eilends Werber und ließ ihr die Ehe versprechen, um sein Ziel zu erreichen, obwohl er wußte, daß sie als Witwe den Nonnenschleier genommen hatte. Endlich ließ sie sich durch viele Bitten und Ratschläge zum Nachgeben bewegen, wurde ehrenvoll empfangen und von den Seinen mit gebührender Liebe aufgenommen. Nach der gemäß dem Brauch vollzogenen Vermählung kam der Gatte mit seiner Gemahlin nach Merseburg. Da er ein Mann von hohem Range war, lud er alle Herren der Umgebung und fesselte sie durch so große Gastlichkeit, daß sie ihn als Freund liebten und als Herrn verehrten.

… Indessen war Tammo geboren worden. Aber die Liebesleidenschaft des Königs zu seiner Gemahlin nahm ab; heimlich erglühte er ob ihrer Schönheit und ihres Vermögens für die junge Mathilde; er gab schließlich zu, sich durch die unrechtmäßige Ehe schwer versündigt zu haben, und ließ durch Verwandte und Werber die Tochter Dietrichs und der Reinhild aus dem Stamme König Widukinds bitten, seinem Wunsche nachzugeben. Nun ist des Weibes Sinn nachgiebig, und da sie seine Vortrefflichkeit in allem kannte, willigte sie ein und wurde ihm in religiösen wie in weltlichen Dingen wertvoll. Im Laufe der Zeit gebar sie ihm drei Söhne: Otto, Heinrich und Brun und zog sie glücklich auf, so daß der Stolz über eine solche Nachkommenschaft die Schmerzen der Geburt überwog."

(„Chronicon" des Bischofs Thietmar von Merseburg um 1015, aus dem Lateinischen übersetzt von Werner Trillmich.)

Merseburg war zu dieser Zeit, als die Saale noch die Grenze zu den östlich von ihr siedelnden Slawen bildete, ein Flussübergang und Wegekreuz von erheblicher strategischer Bedeutung. Die von Thietmar angegebene Begründung ist daher gut nachzuvollziehen, zumal Heinrich sich in der Folge mit gezielter Erwerbspolitik in den Besitz des gesamten Merseburger Areals setzte. Den südlichen Bereich des Domhügels, den Thietmar für eine alte Römerfestung hielt, ein *„antiquum opus Romanorum"*, umschloss Heinrich durch eine Befestigungsmauer und ließ in dieser Burg eine Johannes dem Täufer geweihte Kirche „aus Stein" errichten, was Bischof Thietmar im 11. Jahrhundert ebenfalls noch besonderer Erwähnung wert erschien. Vermutlich mit einem Pfalzstift verbunden, wurde diese Kirche wahrscheinlich zu Himmelfahrt 931 im Beisein des Königs geweiht.

Von Heinrichs Königspfalz selbst ist bisher nichts Näheres bekannt außer der Nachricht des zeitgenössischen Chronisten Bischof Liudprand von Cremona, dass Heinrich I. nach der erfolgreichen großen Abwehrschlacht gegen die Ungarn, die 933 an einem Ried („Riade") in der – näheren oder weiteren – Umgebung Merseburgs stattfand, dieses wahrhaft historische Ereignis im oberen Saal seiner Merseburger Residenz darstellen ließ. Das Wandgemälde, in dem man Liudprand zufolge einst „eher das Ereignis selbst als seine Wiedergabe" zu erblicken meinte, muss die Zeitgenossen nicht nur wegen seiner Wirklichkeitsnähe tief beeindruckt haben.

Aus der Merseburger Residenz Heinrichs I. wurde in der Folge eine der bedeutendsten deutschen Königspfalzen. Vom 10. bis zum 13. Jahrhundert haben die deutschen Herrscher hier hohe kirchliche Feste gefeiert und zahlreiche Hoftage mit Gästen von nah und fern abgehalten.

Dauerhafte Auswirkungen auf Merseburgs Zukunft hatte auch die siegreiche Entscheidungsschlacht gegen die Ungarn im Jahre 955 auf dem Lechfeld: Ein Gelübde, das Otto der Große vor dem Kampf gegenüber dem Heiligen dieses Tages, Laurentius, ablegte, führte im Jahre 968 zur Gründung des Bistums Merseburg. Die Johanneskirche wurde zur Kathedralkirche erhoben und zu diesem Zweck vermutlich auch umgebaut und erweitert. Näheres ist nicht bekannt. Unlängst wurde dort, wo man diese

Ottonisches Würfelkapitell im Museum, 2. Hälfte 10. Jahrhundert

Von den Heiligen Laurentius und Stephanus

Die Gründung des Bistums Merseburg erfolgte 968 zu einem großen Teil auf Gebiet, das dafür vom Bistum Halberstadt abgetreten werden musste. Das war die Bedingung Kaiser Ottos d. Gr. für die Ernennung eines neuen Halberstädter Bischofs, nachdem der 968 verstorbene alte Bischof trotz Ottos Gelübde von 955 bis zu seinem Tod der kaiserlichen Forderung auf Verzicht an Halberstädter Land zugunsten eines anderen, unter dem Patronat des hl. Laurentius in Merseburg neu zu gründenden Bistums widerstanden hatte. Diese Wendung der Dinge sah der Halberstädter Bistumspatron, der hl. Stephanus, als ungerechtfertigte Minderung seines Besitzstandes an, und so glaubte man in Halberstadt dessen Zorn am Werke, als der erste Merseburger Bischof Boso nach nur einem Amtsjahr starb und Otto II. bereits 981 das Bistum Merseburg aufhob. Das aber, so glaubte man in Merseburg, soll wiederum den hl. Laurentius erzürnt haben, der sich seinerseits um neuerworbenen Besitzstand geprellt sah. Davon erzählt Bischof Thietmar:

„Was aber auff diese Zerstörung [des Merseburger Bisthumbs] gefolget, hastu lieber Leser aus den folgenden [Berichten über der Slawen Aufstand anno 983] zu vermercken. ... Auch hat Mistui der Abotriten Fürst die Stadt Homanburg [Hamburg], da auch vorzeiten ein Bischöflicher Sitz gewesen, angezündet, und verbrandt. ... Wie es gebrandt, ist vom Himmel herab, eine güldene Hand mit außgestreckten Fingern ins Feuer gefallen, und danach gefüllet, in aller anschawen wieder auffgefahren. Darüber hat sich nu das gantze Kriegsvolck verwundert, und ist dessen Mistui sehr erschrocken gewesen, ... und ist hernach in Wahnsinn gefallen und mußt in Ketten geleget werden, und als man ihn mit geweihtem Wasser besprengt, so schrie er, ‚Der heilige Laurentius verbrennet mich!‘, und ist, bevor er befreiet, gar jämmerlich gestorben."

„Alß aber Keyser Otto der Dritt zum Manne worden ... und dieweil ihm die zerstörung des Merseburgischen Stiffts, sonderlich zu hertzen gehen ließ, gedachte er stets dran, wie dasselbe wieder auffzubringen wer, ließ ihm auch solch ein fürnemen die zeit seines lebens, auff unnachlessige erinnerung seiner frommen Frau Mutter, der Keyserin Theophania, ernstlich angelegen seyn. Denn dieselbe hatt einßmals, wie mir mein guter Freund Suitger, der es selbst von ihr gehöret, solches erzehlet, im Traum zur Nacht gesehen, wie der heilige Märterer Laurentius, mit dem rechten Arm gestümmelt ihr vorkommen. ... ‚Aber daß du mich‘, hat er gesaget, ‚mit dem einen Arm gestümmelt siehst, das hat dein verstorbener Herr [Keyser Otto der Andere] verursachet. Denn er hat sich ... verführen lassen.‘ ... Derhalben hat sie stets bey ihrem Herrn Sohne angehalten, daß er ja das Bisthumb ... wieder auffrichten solle, damit seines Vaters Seele am Jüngsten Gericht, zur ewigen Seligkeit kommen möcht."

(Die Thietmar-Texte in der Übersetzung von Georg Hahn, dem ersten Übersetzer von Thietmars Chronik, Leipzig 1606.)

Kirche vermutet, unmittelbar südlich der heutigen Domklausur, ein gewaltiges *ottonisches Würfelkapitell* aus dem letzten Drittel des 10. Jahrhunderts gefunden, das im Erdreich erhalten geblieben war (jetzt im Museum im Schloss ausgestellt).

Den Höhepunkt der Merseburger Geschichte im Mittelalter bildete die Regierungszeit Heinrichs II. († 1024), beginnend mit seinem für ihn selbst entscheidenden ersten Hoftag in Merseburg: Am 25. Juli 1002 traten hier die Sachsen der ohne ihr Wissen sieben Wochen zuvor in Mainz vollzogenen Königswahl bei und erhoben Heinrich auch ihrerseits zum König. Der hatte sich damit in seinem Kampf um die Herrschaft im Reich endgültig gegen seinen letzten Konkurrenten durchgesetzt.

Heinrich II. bevorzugte die Pfalz Merseburg vor allen anderen. Er ist mit Abstand an keinem anderen Ort seines Reiches so oft nachweisbar wie hier, und er sorgte auch dafür, dass das von ihm im Jahr 1004 neu gegründete Bistum eine angemessene neue Bischofskirche erhielt (das von Kaiser Otto dem Großen gegründete Hochstift war 981 von Otto II. aufgehoben, der alte Dom zwischenzeitlich zur Benediktiner-Klosterkirche „degradiert" worden). Mit seiner – wie auch er selbst – später heiliggesprochenen Gemahlin Kunigunde wurde er dafür im mittelalterlichen Merseburg als Stifter verehrt.

Die vermutlich ebenfalls neu errichtete Residenz Heinrichs II. befand sich wahrscheinlich im Bereich des heutigen Schlosses. Ein zugehöriger, höchst leistungsfähiger Wirtschaftshof, noch im 17. Jahrhundert als „Königshof" bezeichnet, lag nördlich des Schlosses zwischen Schlossgraben und Peterskloster in der Altenburg.

Im Schutz der zuerst königlichen, in späteren Jahrhunderten bischöflichen Burgsiedlung, in der zu 974 „Juden und Kaufleute und Münzstätte" bezeugt sind, entwickelte sich neben der an Bedeutung verlierenden Altenburg eine städtische Siedlung am Südhang des Burgbergs. Ihre natürliche Grenze nach Süden bildete zunächst die Geisel, die am Fuß des Hügels in die Saale mündete.

Am hochwassersicheren Nordrand der Geiselniederung wurde gegen Ende des 10. Jahrhunderts die Stadtpfarrkirche St. Maximi gegründet. Da jedoch nicht der hl. Maximus zum Schutzheiligen von Merseburg wurde, sondern allein Johannes der Täufer – Siegel und Wappen der Stadt tragen das Bild seines Martyriums –, ist anzunehmen, dass die Johanneskirche in der Pfalz, bevor sie zum Dom der Heiligen Johannes d. T. und Laurentius erhoben wurde, zugleich die erste Pfarrkirche der Stadt war. Eine der Burg nähere Synagoge in einer Seitengasse der Burgstraße existierte vermutlich bereits vor der Gründung von St. Maximi.

Auch in der Altenburg bestand schon seit dem 10., vielleicht sogar seit dem 9. Jahrhundert eine Kirche. Dem hl. Petrus geweiht, wurde sie von Bischof Werner mit einem Benediktinerkloster verbunden und 1091 durch einen Kirchenbau ersetzt, der – dem Zeugnis mittelalterlicher Chronisten zufolge – an Pracht und Größe dem Dom in nichts nachstand.

Ein dritter Stadtkern entstand jenseits der Geisel auf einem Hügel, den seit 1045 eine von Bischof Hunold gestiftete und dem hl. Papst Sixtus geweihte Kirche bekrönte. 1327 zur Stiftskirche erhoben, wurde sie später zur Gemeindekirche der wohlhabenderen Bürger Merseburgs.

Im 12. Jahrhundert griff die expandierende Stadt auf das rechte Saaleufer über: Kaiser Friedrich I. Barbarossa gestattete im Jahre 1188 Bischof Eberhard, den bisherigen Merseburger Marktbereich, der sich als Straßenmarkt

Gründungsurkunde Kaiser Friedrich Barbarossas für den Merseburger Neumarkt 1188 im Domstiftsarchiv

entlang des Straßenraumes der Burgstraße erstreckte, bis zur Saalebrücke und über diese hinweg zu erweitern (an einen Markt-„Platz" in der Mitte der Stadt war damals wohl noch nicht zu denken). Die kaiserliche Gründungsurkunde für den Neumarkt, wie der neue Stadtteil bald genannt wurde, erwähnt zum ersten Mal auch die damals zwar schon genutzte, aber noch im Bau befindliche Kirche des hl. Thomas von Canterbury und ebenso die Neumarktbrücke und eine weitere Brücke über die Kleine Saale am Ostende dieser neuen breiten Marktstraße.

Wenig später erfolgte der innerstädtische Ausbau: Die Geisel wurde westlich oberhalb der Stadt zum – später so genannten – Gotthardsteich gestaut, die Geiselniederung, die bis dahin Maximi- und Sixti-Viertel trennte, trockengelegt und das Flüsschen innerhalb der Stadt reguliert, so dass zwischen den

Vierteln der Marktplatz angelegt werden konnte – eine erstaunliche städtebauliche Leistung.

Bischof Ekkehard (1215/16–1240) ließ dann 1218/19 innerhalb nur eines Jahres die Stadtmauer erbauen, was nicht nur dem zeitgenössischen Autor der Bischofschronik Respekt abnötigte. Die Stadtummauerung mit ihren sieben Türmen schrieb die Ausdehnung der mittelalterlichen Stadt fest. Die drei Stadttore waren das *Gotthardstor* für den Verkehr in Richtung Norden und Westen (Halle–Magdeburg, Eisleben–Nordharz, Nordhausen–Frankfurt), das *Sixtitor* nach Süden und Südwesten (Naumburg–Erfurt, Weißenfels)

Stadtgraben (Klia) und Eulenturm

und das (innere) *Neumarkttor* unterhalb der Burg nach Osten (über Leipzig nach Böhmen und Schlesien). Dazu existierte am Ostende des Neumarkts vor der Brücke über die Kleine Saale noch ein äußeres Neumarkttor.

Die Neumarkt-Insel blieb jedoch, wie die durch Wälle geschützte Altenburg mit dem Königshof, außerhalb der Stadtmauer. Als letztlich doch nicht integrierte „Vorstädte" entwickelten sie sich zu eigenen Gemeinwesen, die – zusammen mit der Domfreiheit – erst durch die preußische Städteordnung 1832 mit der Bürgerstadt Merseburg vereinigt worden sind.

Mit dem Niedergang der königlichen Zentralgewalt im Großen Interregnum (1256–1273) schwingen sich die Bischöfe de facto zu alleinigen Herren der Stadt auf. Ihre usurpierten Rechte wissen sie gegen die „Schutzvögte" des Bistums, die Wettiner, bei der Errichtung der Stadtmauer durchzusetzen. Den Bischöfen gelingt es sogar, das gleichsam herrenlose Pfalzgelände an sich zu bringen. Aber auch ohne Pfalz konnte der Ort als Bischofssitz eine zentrale Rolle für die Region wahren. Als Stadtherren wussten die Bischöfe die Bürger Merseburgs in enger Abhängigkeit zu halten und deren Bemühungen um städtische Freiheiten zu unterdrücken.

Die kontinuierliche Entwicklung „ihrer" Stadt Merseburg als überregionaler Handelsort hält bis weit in das 14. Jahrhundert hinein an. Nach einem ersten Einschnitt durch einen Stadtbrand 1323 mit der mittelbaren Folge, dass das auf dem Neumarkt jenseits der Saale gegründete Kollegiatstift in die Kernstadt auf den Sixtihügel verlegt, der Neumarkt letztlich zur Vorstadt wurde, bringt der nächste Stadtbrand 1387 jedoch die Katastrophe: Es verbrennen auch die in Merseburg gestapelten Waren der Fernkaufleute, die sich daraufhin einen sichereren Handelsplatz suchen und ihn schließlich in dem nur 4 Meilen (30 Kilometer) in östlicher Richtung entfernten Leipzig finden. Von den um den Ausbau ihrer Landesherrschaft bemühten Wettiner-Herzögen zielstrebig auch mit Handelsprivilegien gefördert, nimmt diese in der Mitte des Bistums gelegene Stadt in dem neu sich herausbildenden Handelsstraßennetz eine zentrale Position ein und bietet der künftigen Handelsentwicklung weitaus günstigere Voraussetzungen als die enge alte Bischofsstadt. Die Gründung der Universität in Leipzig 1409, deren Kanzler der Merseburger Bischof wird, folgt der Logik dieser Entwicklung.

Die mit ihrem Siegel 1289 erstmals als *„universitas burgensium"* bezeugte Merseburger Bürgerschaft bleibt in ihren wiederholten Bemühungen um Selbständigkeit gegenüber der uneingeschränkten Herrschaft von Bischof

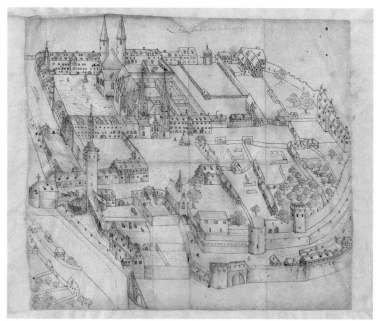

„Thumb unnd Schlos zu Merseburg", anonyme Zeichnung der Domburg aus der Vogelschau von Nordwesten um 1660

und Domkapitel im 14. und 15. Jahrhundert ohne Erfolg: Ein spontanes Aufbegehren der Bürger gegen bischöfliche Willkür führt 1362 zu einer tiefen Niederlage gegen Bischof Friedrich II. von Hoym (1357–1382), der den Bürgern ihre wenigen Rechte entzieht.

In einem erneuten Versuch, städtische Freiheiten zu erlangen, tritt die Bürgerschaft 1426 dem sächsischen Städtebund der Hanse bei. Aber auch hier bleiben Bischof und Domkapitel die Sieger: Johannes II. Bose, zunächst Propst des Domkapitels (1426–1431), danach Bischof (1431–1463), domestiziert geradezu die Bürgerschaft, die am Ende auf alle Rechte förmlich Verzicht leisten muss (die Kapitulations-Urkunde wurde ausgestellt im Jahre 1435 „am Sontage als man singet in der heiligin kirchin Jubilate"!). Alle Schlüsselgewalt für die Stadttore bleibt beim bischöflichen Stadtherrn, der den Bürgern Bündnisse mit anderen Städten verbietet und nicht nur die Ratsherren, sondern sogar die Innungsmeister bestimmt.

Zum sichtbaren Zeichen ihrer Niederlage wurde der Ausbau der bischöflichen Festung über der Stadt um 1430 mit der Erneuerung des dritten, äußeren Mauerrings als „Hohe Mauer" in der Oberen Burgstraße gegenüber der Bürgerstadt. Die Stadt lag nun buchstäblich zu Füßen einer gewaltigen, von drei hohen Mauerringen umgebenen Zwingburg, zu der Bischof Johannes Bose die alte Domburg ausgebaut hatte. Einschüchternd thronte die gewaltige Bischofsburg über der Bürgerstadt. Die gegen äußere Feinde am meisten gefährdete nordwestliche Feldseite der Stadt aber (die Finanzierung des Mauerbaus war mit dem Schutz vor den Hussiten begründet worden) erhielt den hier besonders notwendigen zusätzlichen Schutz erst um 1450, indem der Stadtmauer und dem Kliagraben die Wallanlage des „Altenburger Dammes" und ein weiterer tiefer Trockengraben, die „Hölle", vorgelagert wurden.

Unter Bischof Tilo von Trotha (1466–1514) veränderte die Stadt ihr Gesicht: Rathaus und Stadtkirche, auch die Stadttore wurden erneuert, die Wasserfläche des Gotthardsteiches um ein Mehrfaches vergrößert. Vor allem aber entstand die Stadtkrone aus Dom und Schloss mit ihrer imponierenden Silhouette über dem Fluss weitgehend neu. Sein an allen damals neuen oder erneuerten Bauwerken oft sogar mehrfach angebrachtes Wappen, ein Rabe mit einem Ring im Schnabel, bot den Anlass zur Entstehung der bekannten Legende vom Merseburger Raben, den viele Merseburger geradezu für das Wappentier der Stadt halten.

Zu einem gewaltsamen Einschnitt in der Stadtgeschichte kam es durch einen Willkürakt des nächsten Bischofs Fürst Adolph zu Anhalt: „Im Jahr Christi 1514. im eingang seines Regiments vertrieb er alle Jüden zu Marßburg, welche viel hundert Jahr à tempore devastationis vrbis Hierosolymi-

Vom Merseburger Raben

„Von diesen Bischoff Thilo von Trodte ist unter den gemeinen Mann eine gemeine Rede gewesen, als wenn er einsmahls seinen Cammerdiener darumb, daß er ihm seinen Pitzschier-Ring entführet haben sollte, hinrichten laßen, welches sich aber nach etlichen Jahren anders befundenh haben solle, indem ein Schiefer Decker solchen Ring in eines Raben Nest auf dem Thurm innen an der Dom Kirchen gefunden, weswegen solcher Bischoff hernachmahls solche That an seinen Diener soll sehr bedauret, und zum steten Andencken einen Raben mit einen Ring in Schnabel in seinen Wappen geführet haben.

Bronzenes Familienwappen des Bischofs Tilo von Trotha in der Domvorhalle, um 1510

Allein dieses ist billig für eine Fabel zu halten, weil 1.) die alten geschriebenen Chronicen davon nichts melden, 2.) haben die Edelleute von Trodte solch Wappen lang zuvor geführet, 3.) liegen in der Dom Kirchen alle Trodten begraben, so ebenfallß solch Wappen auf den Leichenstein haben, ehe noch Thilo von Trodte Bischoff worden."

(„Neue Merseburgische Chronika" von Georg Möbius, 1668.)

tanae [d.i. seit der Zeit der Zerstörung der Stadt Jerusalem] allda gewesen waren" – nicht nur für den zeitgenössischen Merseburger Chronisten Ernst Brotuff ein nachgerade unglaublicher Vorgang!

Wenige Jahre darauf führte der große deutsche Bauernkrieg in Merseburg zu Unruhen. In ihrem Verlauf wurde sogar das „Krumme Tor" zur Domburg gestürmt. Doch auch diese Auseinandersetzung endete mit einer Niederlage der Bürgerschaft: Acht Aufrührer aus der Stadt und dem Umland wurden auf dem Marktplatz hingerichtet. Die Machtverhältnisse zwischen Bischof und Bürgerschaft blieben unverändert.

Die Bürgerstadt zählte damals etwa 350 Hausbesitzer („hausbesessene Wirte"), die „Vorstädte" Altenburg rund 60 und Neumarkt mit Venenien etwa 75 – insgesamt wohl knapp 3.000 Einwohner. Hinzu kamen schätzungsweise 500 Bewohner „auf dem Dom" (d.h. in der von städtischen Abgaben nicht belasteten „Domfreiheit") und im Klosterbezirk der Altenburg. Die spätmittelalterliche Gesamtsiedlung Merseburg wäre mit ihren insgesamt annähernd 3.500 Einwohnern für die Verhältnisse der Zeit als eine „Mittelstadt" anzusehen.

In vier Viertel mit Viertelmeistern eingeteilt, wurde die eigentliche Bürgerstadt regiert von einem Stadtrat aus 18 Ratsherren, von denen jeweils fünf mit einem Bürgermeister an der Spitze den für ein Jahr regierenden Rat bilden – unter strenger Kontrolle des bischöflichen Stadtherrn. Kirchlich gehörte die Bürgerschaft links der Geisel zur Stadtkirche St. Maximi, rechts der Geisel zu St. Sixti. Schulen gab es nur im Peterskloster (eine angesehene überregionale „Gelehrtenschule") und am Dom (eine Knabenschule von eher niedrigem Niveau). Zwei Hospitäler lagen auf bzw. östlich vor dem Neumarkt: St. Barbarae (gegründet 1339) und St. Andreae (1461; beide hier 1546 vereinigt). Zu erwähnen sind schließlich fünf Mühlen im Stadtgebiet, die sämtlich Eigentum des Bischofs bzw. Domkapitels oder des Klosters waren. Für das zur Getränkeversorgung unersetzliche Bierbrauen gab es in jedem der vier Stadtviertel ein gemeinsames Brauhaus – und zur Lagerung unter den Häusern bis zu drei Geschossen tiefe Kellergewölbe, von denen vor allem im Bereich von Burg- und Oberburgstraße etliche erhalten geblieben sind. Sie sind in der Regel weit älter

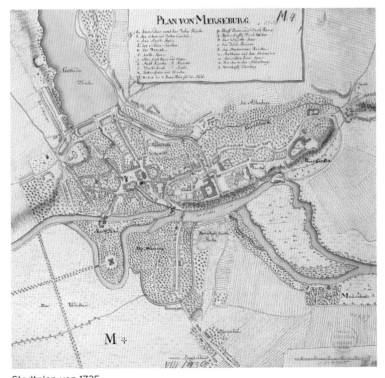

Stadtplan von 1725

Der Rabenkäfig am Merseburger Schloss

als die darüber stehenden Häuser, überstanden sie doch die vielen größeren oder kleineren Feuersbrünste, die das ganze Mittelalter hindurch und bis ins späte 17. Jahrhundert hinein in der Stadt wüteten (besonders verheerend in den Jahren 1323, 1387, 1400, 1444 und 1479). Schlimm waren die Pest- und Cholera-Epidemien, die die Bürgerschaft immer wieder dezimierten.

Von der Reformation bis ins 19 Jahrhundert

Die Reformation kam relativ spät nach Merseburg: Hatten die Merseburger bereits im Jahr des Aufstandes 1525 im ersten von 18 Artikeln gefordert, dass die „Pfarrkirchen mit christlichen Pfarrern versehen werden möchten", so gelang es ihnen doch erst 1543, einen protestantischen Pfarrer an die Stadtkirche der Bischofsstadt zu berufen. Und erst 1561, nach dem Tod des letzten Bischofs, dessen Einsetzung Kaiser Karl V. nach einem kurzen protestantischen Interregnum mit seinem Erfolg im Schmalkaldischen Krieg erzwungen hatte, wurden Stadt und Hochstift definitiv protestantisch. Neue Stadtherren wurden die albertinischen Wettiner, die das Merseburger Land als „Postulierte Administratoren" des Bistums dann bis 1815 regieren konnten – die längste Zeit von Dresden aus.

Residenzstadt war Merseburg nur in den Jahren von 1653 bis 1738, als eine Sekundogenitur der Albertiner als Administratoren des Hochstifts und „Herzöge von Sachsen-Merseburg" tatsächlich hier residierten. Unter ihrem maßvollen Regiment kamen Stadt und Stiftsgebiet nach den schlimmen Verwüstungen des Dreißigjährigen Krieges wieder zu bescheidenem Wohlstand. Aus schweren Kriegszerstörungen erhob sich Merseburg zur kleinen barocken Residenzstadt, in der Musikpflege und bildende Kunst wieder eine Heimstatt fanden. Damals entstand die große Orgel im Dom, der Hofkirche der Herzöge, und die Bildhauerwerkstätten der Familien Trothe, Hoppenhaupt und Agner wirkten weit über Merseburg hinaus.

Preußenadler von einem Stadttor

1815 wurden Stadt und Stift preußisch, Merseburg die Hauptstadt des gleichnamigen Regierungsbezirks der neu gebildeten preußischen Provinz Sachsen und damit zur Beamtenstadt. Hier tagten seit 1825 die Stände, der

Vorläufer des Provinzparlaments. Und schließlich wurden in Merseburg auch die Behörden der Selbstverwaltung der Provinz untergebracht.

Nach der Jahrhundertmitte dehnte sich Merseburg über seine mittelalterlichen Grenzen hinaus in Richtung Westen zunächst bis zu der neuen Eisenbahnlinie Halle–Weißenfels (1846) aus, die bis heute die älteren Viertel spürbar von der jüngeren Bebauung westlich von ihr trennt.

Das 20. Jahrhundert

Die Industrialisierung der Stadt und ihrer Umgebung fand ihre Grundlage in der Braunkohleförderung im nahe gelegenen Geiseltal. Die wichtigsten Daten sind die Gründung des Ammoniakwerkes Merseburg (der späteren Leuna-Werke) 1916 und des Buna-Werks 1935.

Um den stark gestiegenen Wohnungsbedarf zu decken, wurden zwischen 1920 und 1932 zehn geschlossene, im Sinne des Gartenstadt-Gedankens konzipierte Siedlungen von städtebaulicher Qualität angelegt, die vor allem dem Wirken des Architekten Friedrich Zollinger zu verdanken sind. Er entwickelte einen großzügigen städtischen Bebauungsplan, der ausgedehnte Grünschneisen und -gürtel vorsah. Die von ihm erfundenen gerundeten „Zolldächer" sind ein Charakteristikum des Merseburger Stadtbilds.

Nach Kriegszerstörungen im Zweiten Weltkrieg konzentrierte man den Wohnungsbau auf die Anlage neuer Wohnstädte südlich, nördlich und westlich der Innenstadt, während die Schließung der Baulücken in der Altstadt hinausgeschoben wurde und schließlich ganz unterblieb. Als neue „Magistrale" entstand in den 1950er Jahren zwischen Bahnhof und Gotthard-

Straßenbild „Magistrale" mit Kino

Zwee Jeschichdn von Dohmjimnasjum

I. „Awr frein duds een doch, daß unser aldes Meerscheborch so langsam widdr ä Aussähn grichd un daße nich mehr solche Zicharrngisdn baun, wie unser blaujeschdreefdes Jimnasjum. Daße da so ä Gasdn hinjebaud ham, das is eich iwrhoobd ooch bloß ä Errdum jewäsn. Wißdrn das schone? Wieses nähmich ham baun wolln, da hamse eerschd de Zeechnung einschiggn missn, an Guldusminisdr, das war eich awr nu ä sehre gunsdvrschdändchr Mann, un wie der sich so de Zeechnung beguggn dad, da sachde: ‚Was‘, hadde jesaachd, ‚so ä jälm Gasdn wolln se in die ehrwärdche alde Bischofsschdadd gliddschn? Jibbs je jarnich!‘, sachde, ‚das vrungenierd je s‘janze Bannerama!‘ Un dadrmid nahmbe sein Blauschdifd un schdrich de janze Zeechnung dr Quäre ä barmah dorch. So schiggdnsese widdr nach Meerscheborch un wiense nu dr Baumeesdr widdr in de Hand grichde, da dachde so: ‚Ach so‘, dachde, ‚der meend, da solln noch scheene blaue Schdreefn nein in die Fassade, von wäjn Scheenheidsjefiehl. Da hadde weeßgnebbchn ooch rächd, – das siehd jarnich iewl!‘ Na – un so baudn se denn ä jälm Zicharrnsgasdn hin un machdn scheene blaue Schdreefn in de Fassade. Dr Mensch jewehnds‘ch sich an allis un jedz fälld se een jarnich mehr uff, de vornähme Scheenheed von unsn blauschdreefchn Jimnasjum.“
(„Merseburger Babeleien“ von Baul von dr Soale, Paul Kundt, 1895-1991.)

II. Ne cha: Schbädr hamse in Meerscheborch janz annere Zicharrnsgisdn jebaud und das nanndnse de ‚Rehgoh‘, was so ville bedeidn sollde wie ‚sodsjalisdsche Rehgonschdruggdsjohn‘. Richdch rehgonschdruierd hamse jarnischd, un ans janze Bannerama hadd da geener mehr jedachd. Un Baul von dr Soale, mid sein richdchn Nahm ‚Paul Kundt‘, haddnse zechar ma ä baar Monadde richdch beese einjeschbärrd, weile bein Glassnfeind Schdimmung machn wollde jächn de Greisgulduräxbärdn, die de ausn Jöhde-Dehadr in Lauchschdädd ä Gino machn wolldn – was che denn zun Gligge ooch vrhinderd wärn gonnde. – Middr Zeit war awer Baul von dr Soale ooch selwr so ä richdches Meerscheborcher Orchinal jeworn, wenne so de Oweraldenburch lankjeradelt gam uff sein großn Fahrrade un Uffschdellung nahm in Schloßjardn. Da hadde denn immer in seiner gleen Aggdndasche enne gleene Bluhmwahse un ä baar gleene Bluhm drbei un die schdellde uffs Denkmahl von Gleisdn. Un wenn denn ä Neijiercher gam un guggde, da game wie de Schbinne inns Nedz jeschossn un frachde: „Sin wo nich von hier? Sollch Ihn ma was erzähln?“ un denn lächde los un das warn richdch scheene Jeschichdn, denn erzähln gonnde där! Bloß frachn gonnd mrn nischd mehr, da sachde glei: „Bin schdoggdaub, zweemah vrschidd jewäsn!“ – un erzählde weidr.
Eene Jeschichde, die ä leidr nich mehr selwr uffjeschriem had, jingk ooch ums Dohmjimnasjum un die jingk so: „Jedz hat je de Bardei äs ehemahlche Rejierungsjebeide Egge Dohmbladz for ihre Greisleidung iewernomm. Un nu haddnse je als Nachbarn äs blauschdreefche Dohmjimnasjum. S‘hieß je nich mehr so, s‘hieß je schon ‚Harnack-Schule‘ – awer s‘baßde nich mehr so richdch in de sodsjalisdsche Umjäwung, s‘war ähmd ze bärjerlich! Ne ja, un da machde de Bardei denn aus där Owerschule enne – Hilfsschule! Se wolldn ähmd ihre Gaderschmiede glei drbei ham.“ – Zun Gligge haddn for die Jeschichde geener mehr vrbädzd!
(In dankbarer Erinnerung Paul Kundt nacherzählt.)

Die Neumarktmühle an der Geiselmündung um 1900, historische Aufnahme

straße ein repräsentativer Straßenzug in damals sogenannter „Nationaler Bautradition", dem als zentraler Bau ein Kino mit einer barockisierenden Fassade eingefügt ist. Die benachbarte neugotische katholische Pfarrkirche St. Norbert wurde 1951–1953 nach Kriegsschäden in angepasst modernisierter Form wiederhergestellt.

Ab Ende der 60er Jahre zerstörte eine schon im städtebaulichen Ansatz verfehlte „sozialistische Rekonstruktion", die in Merseburg sogenannte „Reko", zu wesentlichen Teilen den historischen Stadtgrundriss, der mit seinem über Jahrhunderte gewachsenen System von Straßen- und Platzräumen ein unersetzliches Dokument der Stadtgeschichte gebildet hatte. Sie machte den südlichen Teil des Altstadtgebiets zur geschichtslosen Tabula rasa und füllte das Gelände mit Plattenbauten ohne städtebauliches Maß (hier hat in letzter Zeit ein im stadtplanerischen Konzept noch unentschiedener „Rückbau" begonnen). Der Lauf der Geisel, die das Werden der Stadt von den Anfängen her begleitete und bis in das 20. Jahrhundert hinein zwischen Gotthardsteich und Geiselmündung mehrere Mühlen antrieb, wurde zugeschüttet und verschwand aus dem Stadtbild.

Kulturhistorisches Museum Schloss Merseburg: Herzogisches Medaillenkabinett um 17156, Johann Michael Hoppenhaupt I zugeschrieben

Von etwas über 10.000 „Seelen" 1840 wuchs die Bevölkerung auf knapp 20.000 Einwohner zur Jahrhundertwende und über 30.000 zu Anfang der 30er Jahre des 20. Jahrhunderts, Ende der 50er Jahre bis auf 56.000. Seitdem ging sie stetig zurück bis auf derzeit etwa 35.000.

Merseburg ist ein Zentralort der Region geblieben, auch nachdem der Regierungsbezirk Halle-Merseburg 1952 mit der Auflösung des aus der preußischen Provinz Sachsen hervorgegangenen Landes Sachsen-Anhalt abgeschafft wurde und Merseburg nur noch Sitz der Verwaltung eines damals in seinem Umfang willkürlich veränderten und verkleinerten Landkreises war. Die Kreisreform des Landes Sachsen-Anhalt von 1993 machte es zur Kreisstadt des neu gebildeten Kreises Merseburg-Querfurt, und auch die erneute Kreisreform 2007, die diesen Kreis mit dem historischen Saalkreis vereinigte, sieht Merseburg wiederum als Sitz der Kreisverwaltung – nunmehr eines großen neuen „Saalekreises".

Hochschulstandort ist Merseburg seit 1954. Daneben ist in den letzten Jahren eine attraktive Museenlandschaft für ganz unterschiedliche Interessen entstanden.

Für den geschichtlich und kulturgeschichtlich interessierten Besucher ist das Kulturhistorische Museum Schloss Merseburg mit seiner über einhundertjährigen Tradition zu nennen. In unmittelbarer Nachbarschaft können

Deutsches Chemie-Museum, Freilichtpark

die Sammlungen des Domstifts, vor allem Domstiftsarchiv und -bibliothek, endlich wieder im von Kriegs- und Nachkriegs-Schäden geheilten Kapitelhaus besichtigt werden. Auch ist hier das Historische Stadtarchiv zu

Zum Deutschen Chemie-Museum

Leuna, errichtet 1916, gelang quasi mit seiner Gründung bereits 1917 die großtechnische Ammoniaksynthese nach Fritz Haber (Nobelpreis 1918) und Carl Bosch (1931 Nobelpreis für die Entwicklung der chemischen Hochdrucktechnik: „Ich will aus Leuna eine Hochburg der Technik machen."). 1923 erlebte es die Weltpremiere der Methanol-Synthese und schon 1927 mit dem Hochdruckverfahren zur Kohlehydrierung nach Friedrich Bergius (Nobelpreis 1931) seine dritte Hochdrucksynthese von Weltgeltung. In Buna wurde 1936 das erste großtechnische Verfahren für synthetischen Kautschuk in Deutschland entwickelt. Aus Bitterfeld kamen Leichtmetalle (1909 Welt-Premiere der ersten Magnesiumlegierung), Chlorgas (seit 1894 Deutschlands größte Anlagen zur Chloralkalielektrolyse) und Kunststoffe (1936 Welt-Premiere der Erzeugung von PVC im industriellen Maßstab), aus Wolfen einige der ersten Kunststoff-Fasern der Welt (1934 die erste synthetische Faser Piviacid, 1938 die erste Perlonfaser) und das moderne Farbfilmverfahren (1936 der weltweit erste Colorfilm).

Willi-Sitte-Galerie

erwähnen, dessen Bestände bis auf die Zeit nach dem großen Stadtbrand von 1444 zurückreichen.

Den technik- und industriegeschichtlich Interessierten wird das Deutsche Chemie-Museum Merseburg mit seinem Freiluft-Technikpark in seinen Bann ziehen, steht doch die mitteldeutsche Region um Merseburg mit Leuna und Buna und Bitterfeld-Wolfen am Ursprung zahlreicher großtechnischer Synthesen und Verfahren und hat weltweit bedeutsame Chemie-Geschichte geschrieben. Ein weiteres technisches Museum, das mittlerweile großen Zuspruch erfährt, ist der Luftfahrt- und Technik-Museumspark Merseburg auf dem ehemaligen Flugplatzgelände.

Zwei Galerien zur Ausstellung bildender Kunst entstanden in letzter Zeit am Domplatz: die „Willi-Sitte-Galerie für gegenständliche Kunst" in der alten Domkurie „Curia Nova" und die Galerie „ben zi bena"; hinzu kam jüngst die Domgalerie im Kunsthaus „Tiefer Keller".

Historische Bauwerke

Dom, Schloss, Ständehaus

Über Jahrhunderte gewachsen, bildet die malerische Baugruppe von Dom und Schloss über der Saale die imponierende Stadtkrone der alten Handels-, Pfalz- und Bischofsstadt – ein für den Unkundigen unerwartetes Bild an einem Industriestandort im mitteldeutschen Chemiedreieck.

Die Türme von Dom und Schloss vom Weinberg aus, vorn die Kirche St. Viti

Dom und *Schloss*, zu einem Baukörper verbunden, sind auch die Dominante der ausgedehnten ehemaligen *Domburg*, von deren Gesamtfläche von ca. 5 Hektar sie allerdings nur den kleineren Teil einnehmen. Einst Zwingburg über der Stadt, als historischer Ort von Grenzkastell, Königspfalz, Bischofsschloss und Herzogsresidenz, ist die gewaltige Festungsanlage für den Besucher heute nicht mehr auf den ersten Blick zu erkennen. Am ehesten kann man sie vom Neumarkt oder von der Oberen Burgstraße her wahrnehmen, wo die äußere von einst drei Burgmauern, die „Hohe Mauer" von 1430, noch immer das Straßenbild prägt.

Die alten Hauptzugänge zur Burg sind wie einst das Krumme Tor in der Domstraße von der Stadtseite her und aus der Altenburg die Schlossgrabenbrücke, an der ehedem das Königstor stand.

Die Domburg aus der Vogelschau von Südosten, Zeichnung von Jürgen Pretzsch, 1998

Zwischen Schloss und Kreuzgang, umrahmt von alten Platanen am Dombrunnen (1515) und von barocken Domkurien, dazu einem barockisierenden Verwaltungsgebäude, das eine den Raum schließende „Seufzerbrücke" als „höhere Beamtenlaufbahn" mit dem Vorschloss verbindet, beherrscht die alte Kathedrale den *Domplatz* – einen intimen Architekturraum, der über die wechselnden Tages- und Jahreszeiten den empfänglichen Besucher stets aufs Neue zu faszinieren vermag.

Dieser Dom fällt nicht durch imponierende Größe des Bauwerks auf. Er ist auch kein Vorzeigebeispiel für einen

Von den Teufelskrallen am Domkreuzgang

Auch der unbekannte Dombaumeister hatte einst seine Terminschwierigkeiten: Das Weihefest war anberaumt, aber das Ende der Bauarbeiten an Dom und Kreuzgang noch nicht abzusehen. So kann es nur mit dem Teufel zugegangen sein, dass alles doch noch rechtzeitig fertig wurde – wenn auch der Baumeister seine Seele verpfänden musste.

Doch in den Sagen ist der Teufel immer ein dummer Teufel, und so wurde auch unser Merseburger Teufel überlistet: Ehe er es merkte, war schon alles geweiht – er konnte nichts mehr ausrichten. Nur seine Krallen schlug er „in ohnmächtiger Wut" in die Pfeiler des Kreuzgangs. Und wer's nicht glaubt, kann sie sich noch heute dort ansehen ...

„Teufelskrallen" im Ostflügel des Domkreuzganges

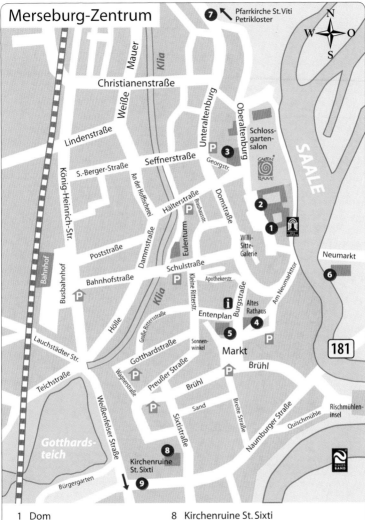

Merseburg-Zentrum

1 Dom
2 Schloss
3 Ständehaus
4 Rathaus
5 Stadtkirche St. Maximi
6 Neumarktkirche St. Thomä
7 Altenburg und Kloster
8 Kirchenruine St. Sixti
9 Stadtfriedhof mit St. Maximi

Krummes Tor und Domstraße

Vom wundertätigen Kelch:
Die Seelwägung des heiligen Kaisers Heinrich II.

„Weil wir gesagt haben, daß unsere Kirche auf Befehl des Kaisers gebaut sei, wollen wir kurz angeben, wie er unsere Kirche herrlich ausgestattet, wie wir es in den Schriften finden. Der Kaiser schenkte uns sehr vieles, was zum Dienste Gottes gehört, ... so auch drei Kelche, einen von Silber von großem Gewicht, einen zweiten von Gold mit Edelsteinen, einen dritten, kunstvoll gearbeitet mit aller Art von Edelsteinen, davon sagt man jetzt noch, er sei der Preis für den Loskauf seiner Seele gewesen."

„Als nach Heinrichs II. Tode seine guten und bösen Werke abgewogen wurden, neigte sich die Schale der bösen. Da warf der hl. Laurentius einen goldenen Kelch, den der Kaiser der Merseburger Kirche geschenkt hatte, in die Schale der guten Werke, und sie sank. Heinrichs Seele war gerettet. Aber durch die zornige Kraft des Wurfs brach ein Henkel ab, und alsbald fand man an dem Kelche, der in der Kirche unter sicherem Verschlusse gehalten wurde, eben diese Verletzung."

Diesen Heiligkeit stiftenden Traum soll zum ersten Mal der für die Schatzkammer mit dem beschädigten Kelch verantwortliche Domherr erzählt haben. Dass man ihm glaubte, kann man nur als ein zweites Wunder deuten ...

(Merseburger Bischofschronik, Teil I [1136], Leben Thietmars, aus dem Lateinischen übersetzt von Otto Rademacher, der in einer Anmerkung zum Text die bewusste Sage erzählt.)

bestimmten Baustil der Kunstgeschichte. Seine Besonderheit und sein Reiz liegen in seiner baulichen Vielgestalt mit einem menschenbezogenen Maß und einer reichen Ausstattung. Gebaut und verändert in wichtigen Epochen deutscher Geschichte, ist Geschichte im Dom lebendig geblieben.

Der Grundriss ist im Wesentlichen noch der, zu dem Bischof Thietmar auf Drängen Kaiser Heinrichs II. 1015 den Grundstein „in der Form des heiligen Kreuzes" legte – das erste überlieferte Beispiel konzentrierten Bauens in Merseburg: Schon im Jahr 1021 konnte der kaiserliche Initiator, der auch das Bistum selbst von Neuem ins Leben gerufen hatte, nach nur sechsjähriger Bauzeit zur feierlichen Schlussweihe des neuen Doms zu Ehren der Patrone Johannes d. T. und Laurentius nach Merseburg kommen. Der Chronist Thietmar freilich, der schon 1018 starb, erlebte die Vollendung seines Kirchenbaus nicht mehr und musste noch im alten Dom beigesetzt werden.

Vergleichbar kurz waren auch die weiteren Hauptbauperioden am Dom:

- um 1040 unter Bischof Hunold Neubau des Chores mit den beiden ihn stützenden Rundtürmen und der Hallenkrypta, zur Weihe 1042 kam Kaiser Heinrich III.;
- um 1225/35 unter Bischof Ekkehard Verlängerung des Langhauses nach Westen um die sogenannte Vorhalle unter Aufgabe der ottonischen Kaiserempore zwischen den Westtürmen, unmittelbar anschließend Erneuerung von Chor und Querhaus;
- 1510–1517 schließlich Neubau des Langhauses.

Bronzewappentafel des Bischofs Tilo von Trotha mit Kaiser Heinrich II. über der ehemaligen Schlosseinfahrt, um 1470

Diese letzte große Umgestaltung des Domes ist wie der Schlossbau mit dem Namen des Bischofs Tilo von Trotha (1466–1514) verbunden, der seine reichsfürstliche Stellung durch die Berufung auf den heiligen Stifter-Kaiser und durch repräsentatives Bauen zu demonstrieren

Domplatz mit Kleinmarkt

suchte. Er hat damit Stift und Stadt Merseburg bis heute geprägt. Darstellungen Heinrichs II. an exponierten Stellen – über dem Schlossportal und über dem Domportal, dazu an der Domlanghausfassade zum Schlosshof – lassen keinen Zweifel an der politischen Intention des Bauherrn.

Die „Vorhalle" am Domplatz wirkt in ihrem basilikalen Aufbau wie ein Kontrapunkt zu der hinter ihr aufragenden Doppelturmfront, der ursprünglichen Domfassade. Die auffällige Kaiserbüste im Scheitel des Hauptportals trägt am Kirchenmodell die Jahreszahl 1515 und erinnert damit an die fünfhundertjährige Wiederkehr der Grundsteinlegung. Daneben gibt es im angrenzenden Westflügel des Schlosses, in den ursprünglichen Schlosszugang eingefügt, seit 2004 einen neuen Besuchereingang, dessen Türblatt Heinrich Apel mit einem Rufer zu *„vita et pax"*, „Leben und Frieden", geschmückt hat.

Das Innere des Domes überrascht mit seinem menschenbezogenen Maß, mit dem Zusammenklang seiner unterschiedlichen Teilräume: der spätromanischen basilikalen „Vorhalle" mit ihrem prächtigen Renaissancegewölbe, das der aus Basel stammende Bau- und spätere Merseburger Bürgermeister Hans Mostel 1537 schuf; der spätgotischen Halle des Langhauses mit ihrem reichen Rippengewölbe, die wohlproportioniert zwischen die übernommenen romanischen Bauteile eingefügt wurde; den hellen schlichten spätromanischen Raumsegmenten von Chor und Querhaus; und schließlich

Domkrypta

der *Hallenkrypta* – einer Inkunabel der romanischen Architektur in Mitteldeutschland.

Vielgestaltig wie die Räume ist auch die Ausstattung in ihrer Fülle. Das selbstverständliche Nebeneinander qualitätvoller Kunstwerke ganz unterschiedlicher Entstehungszeit ist charakteristisch für den Merseburger Dom, nur auf die wichtigsten kann hier aufmerksam gemacht werden.

Als Gegenüber des barocken Hochaltars (1668) in der Hauptapsis gegenüber beherrscht die große *Orgel* mit ihrem Barockprospekt (um 1700) den Dom. Hinter der historischen Orgelwand jedoch verbirgt sich zur Überraschung des Konzertbesuchers ein romantisches Orgelwerk von sanfter Gewalt, geschaffen von dem großen mitteldeutschen Orgelbauer des 19. Jahrhunderts Friedrich Ladegast – ein Gipfel europäischer Orgelbaukunst (1853–1855 und 1866).

Dom, Ladegast-Orgel, Teilansicht des barocken Orgelprospekts von 1700

Der frühgotische *Kruzifixus*, heute im Triumphbogen zwischen Langhaus und Chor aufgehängt, bildete zu seiner Entstehungszeit in den 1240er Jahren die Mitte einer Kreuzigungsgruppe, die über dem einst an dieser Stelle stehenden Lettner aufgestellt war. Er gehört zu den großartigen thüringisch-sächsischen Triumphkreuzen des 13. Jahrhunderts.

Ein besonderer Rang kommt den spätgotischen *Gestühlen* zu: dem Chorherrengestühl in der Vierung mit seinen einprägsamen Dorsalreliefs zum Leben Jesu und dessen alttestamentlichen Bezügen (geschaffen 1446 von einem Dominikaner Namens Casper Schokholcz), dem Fünfsitz im Chor mit Christus als Schmerzensmann zwischen den Schutzheiligen des Domes (1. Viertel 15. Jahrhundert), der zierlich geschnitzten Kanzel mit ihren lebensvollen Evangelistenreliefs (um 1517) und dem ungewöhnlichen Seitenschiffsgestühl (datiert 1519).

Die zahlreichen, sämtlich spätmittelalterlichen *Flügelaltäre* sind heute nach musealen Gesichtspunkten im Dom und seinen Nebenräumen verteilt. Unter ihnen ragt der große Kaiser-Heinrichs-Altar heraus, den Bischof Sigismund von Lindenau im Zusammenhang mit der Umgestaltung der „Vorhalle" zur Heinrichs-Kapelle als seiner eigenen Grablege in Auftrag gab (1537, jetzt in der gotischen Michaeliskapelle am Kreuzgang).

Im Mittelfenster der Heinrichs-Kapelle, die Stifterchor und bischöfliche Grablege in einem war, haben sich die einzigen mittelalterlichen Glasmalereien im Dom erhalten, wertvolle Zeugnisse dieser Kunstgattung: sieben farbenkräftige Medaillons aus frühgotischer Zeit um 1260 mit Darstellungen der Wurzel Jesse, der Verkündigung Mariä, der Geburt Christi, der Anbetung der hl. drei Könige, der Kreuzigung, der Auferstehung und des Jüngsten Gerichts. Zu besonderen Anlässen brennen in diesem Raum die Kerzen des prächtigen schmiedeeisernen Kronleuchters (um 1530). Im angrenzenden südlichen Seitenschiff der Vorhalle ist der monumentale Taufstein aus der romanischen Neumarktkirche aufgestellt: ein mächtiger runder Block aus rotem Sandstein, umzogen von Rundbogenarkaden mit Propheten des Alten Testaments, die in sinnfälliger Darstellung auf ihren Schultern die Jünger Jesu tragen.

Einen Rundgang durch die Kunstgeschichte bietet die lange Reihe sehenswerter *Grabdenkmäler*, die über mehr als acht Jahrhunderte von der hohen Romanik bis zum Klassizismus reicht. Er beginnt in der Vierung mit dem Höhepunkt, der berühmten *Bronzegrabplatte für Rudolf von Schwaben*, den

Dom, Kanzel, Relief mit dem Evangelisten Markus, um 1517

Gegenkönig Heinrichs IV. – dem ersten Grabmal im mittelalterlichen Mitteleuropa, das den Verstorbenen in Lebensgröße abbildete. Das ursprünglich vergoldete Relief mit Einlagen in Kronreif und Augen zeigt Rudolf in einem fein ziselierten Krönungsornat. Die lateinische Umschrift betont polemisch die Rechtmäßigkeit seiner Herrschaft und rückt ihn in die Nähe eines christlichen Märtyrers – den meisten Zeitgenossen freilich erschien sein Tod als Gottesurteil, hatte er doch im Kampf die Schwurhand verloren, mit der er Heinrich IV. einst Treue geschworen hatte.

Flügelretabel des Heinrichs-Altars, Detail Heinrich II., 1537

- Aus der Mitte des 13. Jahrhunderts stammt ein *frühgotischer Rittergrabstein* (heute in der Vorhalle), den man wegen der Qualität der wirklichkeitsnahen Darstellung dem Naumburger Meister zuschreibt. Der Dargestellte, ein Hermann v. Hagen, hatte sich durch eine großzügige Stiftung für das Seelenheil seiner Familie eine Grabstätte im Kreuzgangbereich erworben.

Von Kaiser Heinrich IV. am Prunkgrab Rudolfs von Schwaben

„Von König Heinrich IV. wird berichtet, daß – als der, kurz nachdem die Aufstandsbewegung befriedet war, in die erwähnte Merseburger Kirche kam und dort besagten Rudolf wie einen König begraben sah – er einem, der ihm sagte, warum er dem, der kein König war, gestattete, gleichsam mit königlichen Ehren begraben zu liegen, antwortete: ‚Wenn doch alle meine Feinde so ehrenvoll lägen!'"
(Aus dem verschachtelten Latein des Bischofs Otto von Freising (+ 1158), P. R.)

Von der abgeschlagenen Schwurhand

„In den tiden wart en ander uolchwich twischen deme koning hinrike vnde deme koning rodolfe to milsin uppe dere elstere, da wart seghelos de koning rodolf eme wart och sin hant af gheslagen vnde wart also to mersborch ghebracht. He sprach to den biscopen de dar waren, vnde wisede en de hant de eme af gheslaghen was. Dit is de hant, mit der ich mineme herren koning heinrike hulde swor, mit iuweme rade sacte ic mic an sinen koninglíken stol, nu siet wo gi mich hebbet ghelet, nu mot ich laten dat rike vnde dar to dat lif. Dar na starf de silue koning rodolf vnde wart to mersborch begrauen."

(„Zu dieser Zeit gab es eine zweite Schlacht zwischen dem König Heinrich und dem König Rodolf zu (Hohen-)Mölsen an der Elster. Da blieb sieglos der König Rodolf, ihm ward auch seine Hand abgeschlagen, und so ward er nach Merseburg gebracht. Er sprach zu den Bischöfen, die da waren, und wies ihnen die Hand, die ihm abgeschlagen war: ‚Dies ist die Hand, mit der ich meinem Herren König Heinrich Treue schwor. Auf euren Rat setzte ich mich auf seinen königlichen Stuhl. Nun seht, wohin ihr mich geleitet habt! Nun muß ich das Reich lassen und das Leben dazu!' Danach starb derselbe König Rodolf und ward zu Merseburg begraben.")

(Aus der Sächsischen Weltchronik, um 1300, Übertragung P. R.)

Bronze-Grabplatte für Rudolf von Schwaben, 1080

- Um 1370 entstand der große, noch weitgehend in seiner originalen Farbigkeit erhaltene *Grabstein für Bischof Friedrich II. v. Hoym* (nördliches Langhausseitenschiff). In Umkehrung der mittelalterlichen Bedeutungsperspektive wird der Bischof hier in Lebensgröße zwischen kleinen Statuetten von Heiligen dargestellt, für die er Altäre gestiftet oder dotiert hatte.
- *Bischof Tilo v. Trotha* gab seine Grabdenkmäler, die im nördlichen Querhausarm als seiner „Bischofskapelle" Aufstellung finden sollten, bei der

berühmten Vischer'schen Gießhütte in Nürnberg in Auftrag. Die Bronze-grabplatte mit einem Flachrelief des Bischofs goss Hermann Vischer d. Ä. schon in den 1470er Jahren; sie fand später Verwendung als Deckplatte der Grabtumba. Zwanzig Jahre später schuf dann Peter Vischer d. Ä. für den Bischof das Epitaph, an dem die Zeitgenossen die Porträtähnlichkeit rühmten. Vergleicht man diese beiden Darstellungen Bischof Tilos, so meint man den Schritt von der Spätgotik zur Renaissance nachvollziehen zu können. Die Seitenwände der Tumba wurden dann erst nach dem Tod des Bischofs 1514 gegossen. Wunderbar deren Vorderwand, die aus den Minuskeln der langen Inschrift gleichsam einen Teppich wirkt.

- Das *Sandsteingrabmal für Bischof Vinzenz v. Schleinitz* (+1535) mit einer massigen Bischofsfigur und anmutigen musizierenden Engelputten hat man mit dem Meister der halleschen Domkanzel in Verbindung gebracht (nördliches Seitenschiff).
- Das *Bronzeepitaph für Sigismund v. Lindenau* aus dem Jahr 1538 zeigt in klaren Renaissanceformen den porträthaft dargestellten Bischof im Gebet vor einem kleinen Kruzifixus. Geschaffen und mit HF signiert hat es der damals wohl in Leipzig tätige Hans Fischer (Vischer), mit dem die Geschichte der berühmten Nürnberger Rotgießerfamilie ende-te (Vorhalle). Davor, in der Mitte der Heinrichs-Kapelle, wurde der Bischof begraben – vor dem von ihm geschmückten Heinrichs-Al-tar, unter dem mittleren Gewöl-beschlussstein, der das Reichs-wappen zeigt und den Bischof seine reichsfürstliche Stellung noch im Tode behaupten lässt.
- Ein hervorragendes Beispiel für den Manierismus der Spät-renaissance ist das *Epitaph für den Dompropst Jan v. Kostiz* aus verschiedenfarbigem Kunstmar-mor und Alabaster, für das man eine magdeburgische Werkstatt annimmt. Im Zentrum steht ein Relief mit der Anbetung des Lammes nach der Apokalypse des Johannes. In der Bekrönung ringt Jakob mit dem Engel: „Ich

Fürstengruftportal, mit Seifenblasen spielender Putto

Die Merseburger Zaubersprüche

I.
Eiris sazun idisi sazun hera duoder
suma hapt heptidun suma heri lezidun
suma clubodun umbi cuoniouuidi:
insprinc haptbandun inuar uigandun.

(„Einst saßen Idisen, saßen drauf auf dem Heer.
Einige legten [dem Feind] Fesseln an, einige hielten die Heere auf,
einige lösten [dem Freund] die Fesseln:
Entspring den Fesseln, entfahr den Feinden!")

II.
Phol ende uuodan uuorun zi holza
du uuart demo balderes uolon sin uuoz birenkict
thu biguolen sinhtgunt sunna era suister
thu biguolen friia uolla era suister
thu biguolen uuodan so he uuola conda
so se benrenki so se bluotrenki so se lidirenki:
ben zi bena bluot zi bluoda lid zi geliden
so se gelimida sin.

(„Phol und Wodan waren [mit der Götterschar] im Wald unterwegs,
da wurde Balders Fohlen der Fuß eingerenkt.
Da besang ihn Sinhtgunt, Sunna [Sonne] ihre Schwester,
da besang ihn Friia, Volla [Fülle] ihre Schwester,
da besang ihn Wodan, so wie er es gut konnte:
Bein [= Knochen] zu Beine, Blut zu Blute, Glied zu Gliedern!
So seien sie zusammengefügt!")

Die ältesten althochdeutschen Sprüche mit nicht christlichem Inhalt, aufgezeichnet um die Mitte des 10. Jahrhunderts im Kloster Fulda, entdeckt in der Merseburger Domstiftsbibliothek von Georg Waitz 1841, erstmals publiziert von Jacob Grimm 1842. Die Deutung und damit die Übersetzung in einigen Punkten wie zum Beispiel von „Phol" strittig, der in der germanistischen Forschung mit Balder gleichgesetzt oder für eine sonst nicht bekannte germanische Gottheit gehalten wird, auch an Wodans Ross im Sinne von „Ross und Reiter" hat man hier gedacht.

lasse Dich nicht, Du segnest mich denn." (1611; am Mittelschiffspfeiler gegenüber der Kanzel).

- Die zahlreichen qualitätvollen Grabmäler des Barockzeitalters sind wiederum eigentlich ein Thema für sich und lohnten allein eine gründlichere Führung, auch hier können nur Beispiele angeführt werden: Ihr monumentalstes Zeugnis im Dom ist das *Portal*, das in die Fürstengruft der Merseburger Herzöge führt (1670, südlicher Querhausarm). Die stark beschädigten *Zinnsärge* in der Gruft – sie entstanden überwiegend nach Entwürfen der Merseburger Bildhauer Michael und Johann Michael Hoppenhaupt – werden erst nach der dringend notwendigen Restaurierung wieder öffentlich zugänglich sein.

Aus der Vielzahl wertvoller Grabdenkmäler des 18. Jahrhunderts sollen hier nur drei Beispiele für die wichtigsten Stilrichtungen aufgezählt werden: für den Spätbarock das *Epitaph der Frau v. Zech* von Johann Michael Hoppenhaupt mit bewegten allegorischen Figuren und einem Porträtgemälde (1728; nördlicher Querhausarm); für das mitteldeutsche Rokoko das *Epitaph des Kanzlers August Just* von dem Merseburger Bildhauer Johann Heinrich Agner d. J. mit der großen Freifigur eines geflügelten Chronos (1755; am nördlichen Pfeiler vor der Orgelempore); für die klare Formensprache des Leipziger Frühklassizismus schließlich das *Epitaph des Domherrn Heinrich Carl v. Tümpling*, dem Bildhauer Friedrich Samuel Schlegel zugeschrieben: eine schlanke Frauenfigur, die ein zu ihr aufblickendes Kind tröstet (1773; Langhaussüdwand).

Das *Domstiftsarchiv* und die berühmte *Domstiftsbibliothek* mit ihren Zaubersprüchen sind endlich wieder repräsentativ an ihrem ursprünglichen Ort in dem umfassend wiederhergestellten spätromanisch-spätgotischen *Kapitelhaus* untergebracht.

Die rekonstruierte historische Ausmalung des Wappensaales aus der Zeit Bischof Tilos zeugt vom einstigen politischen Anspruch von Bischof und Domkapitel. Für den Domschatz wurden, unter geschickter Nutzung der vorhandenen Bausubstanz, zusätzliche neue Ausstellungsräume am Südflügel des Kreuzganges geschaffen.

Kapitelhaus, Wappensaal während der Rekonstruktion der historischen Ausmalung, von 1509

Vom Ende des Domschatzes

„Diese güldene Tafel [die der hl. Kaiser Heinrich gestiftet hatte] ist A. C. 1547. als Käyser Carolus der fünffte wieder Chur-Fürst Johann Friedrichen zu Sachsen gekrieget, durch Veit von Pappenheim und Friedrich von Thune, Churf. S. hohe Officirer abgebrochen und mitgenommen worden." *(Johannes Vulpius, Megalurgia Martisburgica ..., Quedlinburg und Aschersleben 1700.)*

Kapitelhaus mit Terrassengarten

Neu gestaltet wurde auch der *Kapitelgarten* über der Saale, dessen Besuch man sich nicht entgehen lassen sollte. Zum Abschluss lockt ein Aufstieg in den westlichen Turmbau – aus doppeltem Grund: Hier ist ein höchst ungewöhnliches mittelalterliches *Geläut* aus acht Glocken vom späten 11. bis zum 16. Jahrhundert zu besichtigen, und vom *Belvedere* im obersten Geschoss des Südwestturms eröffnen sich überraschende Ausblicke auf Dom, Schloss und Kreuzgang, auf die Stadt und in die Saale-Elster-Aue.

Das *Schloss* der Merseburger Bischöfe und ihrer Nachfolger, der nachreformatorischen Administratoren des Bistums, erhebt sich mit seinen drei Flügeln unmittelbar nördlich des Domes, den es mit seinen ungewöhnlichen Staffelgiebeln gewissermaßen als vierten Flügel einbindet. Der von ihnen umschlossene geräumige Schlosshof gehört zu den beeindruckendsten, großzügigsten Anlagen seiner Art. In der heutigen Gestalt von 1605–1608 vor allem das Werk des Dresdener Architekten Melchior Brenner, den der Bistums-Administrator und spätere sächsische Kurfürst Johann Georg I. als Bauherr mit dieser Aufgabe betraute, zählt das Merseburger Schloss zu den berühmten Schlossbauten der Spätrenaissance in Deutschland. Einen wesentlichen Teil seiner Bausubstanz aber, von Brenner bewusst in seine Schlossgestaltung einbezogen, verdankt es dem monumentalen spätgotischen Neubau des Bischofs Tilo von Trotha und seiner Nachfolger. Die Namen der Baumeister und Bildhauer dieses umfangreichen und langwierigen Baus, der sich von etwa

Schlosshof nach Nordosten

1480 bis 1535 hinzog, in seinen wesentlichen Dimensionen aber bereits 1510 feststand, sind leider nicht überliefert.

Brenner verlängerte die repräsentative Saalefront des Schlosses, den spätgotischen Ostflügel über dem Fluss, bis unmittelbar an die Domapsis, blieb aber im Übrigen beim Grundriss der spätgotischen Anlage, von der er ganz bewusst Schmuckelemente übernahm und mit dem für seine Zeit des Manierismus typischen Dekor aus antiken Schmuckmotiven und Metall imitierendem Beschlagwerk verband. Sein – ursprünglich höchst farbenprächtiger – *Prunkerker* am Nordflügel hat als ein Musterbeispiel der Baukunst dieser Zeit Eingang in die kunstgeschichtlichen Stilfibeln gefunden.

Ein besonderes Meisterwerk ist auch die Wendeltreppe im *Kammerturm* in der Nordwestecke des Schlosshofs (1606),

Prunkerker am Schloss

Ehemalige Hofstube

die zu den Wohnräumen des Bauherrn führte. Der „Steinmetze-M(eister) Siemon Hoffman" aus Freiberg hat die Untersichten der Stufen durchgehend mit Beschlagwerk und Medaillons verziert, die als eine gesellschaftliche Stufenleiter mit den Wappen und Namen der Domherren vom *Canonicus minor* bis zum Dompropst führen. Über allen schwebt in einem Rippengewölbe das Wappen des herzoglichen Bauherrn, der Steinmetzmeister hat sich am unteren Ende der Medaillonreihe, der Baumeister an einer der Konsolen, die das Gewölbe tragen, verewigt.

Durch die spätgotische *Davidspforte* (um 1490) gelangt man zu dem bedeutendsten historischen Raum, der ehemaligen *Hofstube* im Erdgeschoss des Nordflügels. Ihre spätgotischen Bauelemente stammen aus der gleichen Zeit wie die Pforte. Melchior Brenner hat sie dem Vorgängerbau entnommen und hier zu einem neuen Saal zusammengefügt. Die Restaurierung in den 1990er Jahren hat diesen auf seine ursprünglichen Proportionen zurückgeführt und dabei auch die Knaggenfiguren biblischer Propheten an

Kulturhistorisches Museum Schloss Merseburg, Schaukeller archäologische Dauerausstellung

der Mittelstütze von späteren Übermalungen befreit, so dass die Reste der spätgotischen Farbfassung wieder sichtbar sind. Zu den Überraschungen bei den Restaurierungsarbeiten gehörte die Entdeckung der originalen Hofstubentür, die mit ihrer Farbfassung in der Vermauerung des ursprünglichen Zugangs in der Ostwand des Raumes erhalten geblieben war (jetzt in der Museumsausstellung). Die vorzügliche Akustik prädestiniert die Hofstube zu einem idealen Raum für Kammerkonzerte.

In den letzten Jahren konnten erfreulicherweise im ersten Stock und im Dachgeschoss des Nordflügels qualitätvolle Deckenbemalungen der Spätrenaissance freigelegt werden.

Seit den 1960er Jahren ist das *Kulturhistorische Museum* im Schloss untergebracht, wo in den letzten Jahren historische Räume und Raumfolgen wiederhergestellt werden konnten. Herausragend in den Kellergewölben die vorzüglich präsentierte archäologische Abteilung

Neptun auf dem Schlossbrunnen

Barocke Nachtmusik vor dem Schlossgartensalon mit der „Merseburger Hofmusik" unter Michael Schönheit

Schlossgarten mit Blick zum Schloss

sowie Bauplastik aus Dom, Schloss und Stadt, im ersten Obergeschoss insbesondere hochrangige Barockskulpturen und das Johann Michael Hoppenhaupt zugeschriebene Medaillenkabinett des letzten Merseburger Herzogs Heinrich, ein großartiges, rot lackiertes und reich vergoldetes Möbelstück. Nach seiner „Heimkehr" ins Merseburger Schloss ist es hier der einzige Zeuge von Pracht und Qualitätsanspruch der herzoglichen Hofhaltung, nachdem das Hoppenhaupt'sche Spiegelkabinett (um 1715) in den 1920er Jahren in das Deutsche Museum in Berlin überführt wurde und auch von den qualitätvollen barocken Stuckdecken des Ostflügels nach dessen Teilzerstörung im letzten Weltkrieg nichts übrig blieb.

Im *Schlosshof* bieten die Portale und Wappentafeln dem Besucher eine Fülle schöner Details von der späten Gotik bis zum Barock. Sehenswert ist schließlich auch das von einem Neptun bekrönte Brenner'sche Brunnenhaus des Schlossbrunnens in der Südostecke des Schlosshofs, eines ehemaligen Ziehbrunnens, dessen Wasserspiegel in etwa 15 Metern Tiefe auf Saaleniveau liegt.

Der *Schlossgarten* nördlich des Schlosses war wichtiger Bestandteil der barocken Residenz. Ursprünglich angelegt 1661 auf der Brache des ehemaligen „Königshofes", von dem man „ein gut Theill zu einem schönen Lust-Garten" mit ornamentalen Parterres im Stil der Zeit abtrennte, wurde er 1825 nach einem Entwurf des Gartenbauers Peter Joseph Lenné zu einem englischen Garten im Sinne der Romantik umgeformt. Nach der Beseitigung von Verunstaltungen aus dem Zweiten Weltkrieg (sie segneten ihn unter anderem mit einem Luftschutzbunker) erhielt er in den 1960er Jahren ein neues, konsequent rechtwinklig geführtes Wegesystem.

Blickpunkt vom Schloss her ist der von Johann Michael Hoppenhaupt um 1730 geschaffene *Schlossgartensalon*. Leider ist von den beiden ihn symmetrisch flankierenden Orangeriepavillons nur der östliche erhalten, während sein 1944 zerstörtes westliches Pendant noch immer auf den Wiederaufbau wartet, der erst die Symmetrie der Gesamtanlage wiederherstellen würde.

Im Garten verdienen drei *Denkmäler* Aufmerksamkeit: ein zeitgenössisches Erinnerungskreuz an einen Merseburger Nebenschauplatz der

Schlossgartensalon

großen Auseinandersetzungen der Befreiungskriege gegen Napoleon (einst 1816 an der ehemaligen Lauchstädter Chaussee errichtet), eine Büste des ersten preußischen Militärgouverneurs Kleist von Nollendorf nach dem Übergang der Region von Sachsen an Preußen (Kopie, das Original von Christian Daniel Rauch aus dem Jahr 1825 im Museum) und das Reiterstandbild des ersten preußischen Landesherrn König Friedrich Wilhelm III. (1913 von Louis Tuaillon). Am daruntergelegenen Saaleufer bewahrt ein „Plastikpark" die Zeugnisse eines Landes-Bildhauer-Pleinairs aus dem Jahr 2004.

Zu diesem Gesamtkomplex gehört schließlich der nördlich in der „Altenburg" gelegene, ebenfalls von Hoppenhaupt errichtete kleine Turm der barocken *Wasserkunst* mit einer umfangreichen Widmungsinschrift von 1738, der zur Wasserversorgung des Schlossbereichs mit Brauchwasser aus dem Mühlgraben bestimmt war (jetzt als Wohnhaus genutzt).

Unmittelbar westlich vor dem Schlossgarten befindet sich das *Ständehaus*, das Franz Schwechten entworfen hat – ein prachtvoller historistischer Bau vom Ende des 19. Jahrhunderts für den Landtag der preußischen Provinz Sachsen, der die vormalige „Stände"-Ver-

Reiterstandbild des preußischen Königs Friedrich Wilhelm III., von Louis Tuaillon, 1913

Luftaufnahme Dom- und Schlossbereich vom Schlossgartensalon
bis zur Neumarktkirche

Obere Wasserkunst von Johann Michael Hoppenhaupt I

tretung abgelöst hatte. Die Wappen der Provinz und der Hauptstädte ihrer drei Regierungsbezirke Erfurt, Magdeburg und Merseburg oberhalb des monumentalen Hauptportals weisen auf die Zweckbestimmung des Gebäudes hin.

Der ehemalige große *Sitzungssaal* dient heute vor allem Fest- und Konzertveranstaltungen. Unter der erhalten gebliebenen ursprünglichen Kuppel überspannt ihn eine, nur wenige Jahre nach der feierlichen Einweihung des Hauses eingezogene, beeindruckende Kassettendecke, untergehängt aus akustischen Gründen, damit sich

Ständehaus, großer Saal

Ständehaus, „Kaleidoskop" Glaskuppel

die Redner dem hohen Auditorium auch verständlich machen konnten. Bei diesem Umbau wurde der Raum mit großflächigen Wandgemälden geschmückt, auf denen der seinerzeit renommierte Berliner Historienmaler Hugo Vogel herausragende Ereignisse aus der Geschichte der Provinz in Szene setzte.

Über dem Foyer des großen Saales ist eine farbige *Glaskuppel* mit Jugendstil-Ornamentik zu bewundern. Vom Turm aus überblickt man das benachbarte Dom-und-Schloss-Ensemble und genießt einen weiten Blick über Stadt und Umland.

Zu den Wandgemälden im Ständehaus

Vollendet im Jahr 1900, die Themen: eine germanische Seherin warnt den römischen Feldherrn Drusus vor der Eroberung des Landes, Überbringung der Königskrone an Heinrich I. am Quedlinburger Vogelherd 919, Heinrich und sein Heer vor der Ungarnschlacht des Jahres 933, Landung Ottos d. Gr. mit seiner Gemahlin Edgitha in Magdeburg 929, Luthers Thesenanschlag in Wittenberg 1517.

Rathaus und Stadtkirche, Markt und Gassen

Der *Marktplatz* gab einst den Straßen und Plätzen der Stadt das Maß. Er ist heute nur noch ein Torso. Besonders schmerzlich ist der Verlust des Neuen Rathauses, dessen mächtiges Satteldach die Südfront des Marktplatzes bestimmte. Ursprünglich 1524 bis 1528 als städtisches Gewandhaus errichtet und 1536 noch mit großen Staffelgiebeln verziert, dann 1720 zum Rathaus umfunktioniert und anschließend baulich erneuert, war es im Zweiten Weltkrieg ausgebrannt. Seine von dem städtischen Gewandhaus des 16. Jahrhunderts erhaltenen Umfassungsmauern wurden erst Ende der 1950er Jahre beseitigt, als ein Wiederaufbau immer noch möglich erschien. Unverständlich bleibt, dass bei diesem Abbruch auch das bis dahin erhaltene, von dem bedeutenden Merseburger Bildhauer, Ratsherr und Bürgermeister Christian Trothe (1676–1732) geschaffene figurengeschmückte Portal zerstört wurde.

Ein städtebauliches Loch klafft auch auf der Marktostseite, wo die Platzfront bei der „sozialistischen Rekonstruktion" nach außen verschoben und zur ursprünglich ganz schmalen Ölgrube hin weit aufgerissen wurde. Noch sieht allerdings das städtische Leitbild einen Rückbau auf die alten Platzgrenzen und auch einen Ersatzbau in den Dimensionen des „alten" Neuen Rathauses vor.

Marktnordseite mit Stadtkirche und Altem Rathaus

Stadtkirche St. Maximi, Innenansicht

Die nördliche Marktfassade konnte dagegen weitgehend wieder instand gesetzt werden, schmale Bürgerhäuser, das älteste, das Eckhaus mit seinem Fachwerk aus dem 16. Jahrhundert stammend, vor ihnen der schöne *Staupenbrunnen* von 1545, dahinter die Baumasse der spätgotischen Stadtkirche St. Maximi, unmittelbar benachbart das lang gestreckte Gebäude des *Alten Rathauses*. Die zahlreichen Bischofswappen an seiner Fassade – das älteste stammt aus dem Erbauungsjahr 1478, das letzte von 1561 (danach noch eins vom Bistumsadministrator Herzog Christian I. 1691) – bezeugen die Abhängigkeit der Stadt von der Bischofsherrschaft. Das Wappen der Stadt kam erst 1692, unter Herzog Christian II., als letztes hinzu! Ein gereimter Zweizeiler über dem Hauptportal mahnt den damals noch jährlich wechselnden regierenden Rat aus Bürgern der Stadt, sich angesichts der auf ein Jahr beschränkten Amtszeit nicht auf seine Gewalt zu verlassen.

Die *Stadtkirche St. Maximi*, Ende des 10. Jahrhunderts gegründet, 1247 erstmals urkundlich erwähnt, wurde in mehreren Bauabschnitten errichtet, bei denen ihr ursprünglich basilikaler Altbau in ungewöhnlich langer Bauzeit von 1432 (?) bis 1501 nach und nach durch die heutige Hallenkirche ersetzt wurde. Vom romanischen Vorgängerbau übernahm man damals nur den Turm, der das neue hohe Kirchendach nun kaum mehr überragte.

Stadtkirche, Orgel von Friedrich Gerhardt

Im 19. Jahrhundert aber schämte sich die Stadt (und insbesondere ihr Bürgermeister) dieses zu kleinen Turmes. So nutzte man einen Brand in der Türmerstube, sich seiner zu entledigen und einen standesgemäß hohen, modernen (das heißt neugotischen) Neubau zu errichten (den Entwurf nach einem vorsorglich bereits eingeholten Entwurf des zur Bauzeit bereits verstorbenen Berliner Architekten Friedrich August Stüler hatte man in petto). Bei dieser Gelegenheit wurde zugleich das bis dahin unproportioniert kurze Langhaus um ein Joch verlängert.

Die Kirche, jetzt von angenehmen Raumverhältnissen, besitzt eine klangschöne romantische dreimanualige *Orgel* von dem Merseburger Orgelbauer Friedrich Gerhardt (1876). Von ihrer eigenen mittelalterlichen Ausstattung blieb bei der neugotischen Erneuerung auch des Kircheninneren nichts. Der großartige Barockaltar von Michael Hoppenhaupt (1684–

Stadtkirche, Barockaltar aus der Neumarktkirche, Detail, Michael Hoppenhaupt zuzuschreiben, 1695

1686) musste der einheitlich neugotischen Ausstattung weichen. Zum Glück blieben wenigstens seine großen Hauptfiguren erhalten und wurden später, ihrer Farbfassung beraubt, an der Ostwand über der Nordempore angebracht. Diagonal gegenüber an der Westwand haben die vermutlich ebenfalls Michael Hoppenhaupt zuzuschreibenden Figuren des *Altars der Neumarktkirche* (1695) eine neue Heimstatt gefunden. Einige wenige qualitätvolle barocke Grabmale blieben zum Glück erhalten.

Der jetzige Altar – ein kleiner Flügelschrein von 1511 – stammt vermutlich aus der Sixtikirche. Im südlichen Seitenschiff wurden Reste der spätgotischen Ausmalung freigelegt.

Entenplan, Platzansicht mit Dobkowitz-Kaufhaus und Göbel-Brunnen

Der *Grüne Markt* südlich der Kirche, bis in das späte 16. Jahrhundert Friedhof, war ursprünglich wohl Teil des Marktplatzes. Zum Parken, für das er jetzt ausschließlich genutzt wird, sollte dieser schöne, intime Platz in der Mitte der Stadt zu schade sein.

Der *Entenplan*, ehedem nur ein enger unregelmäßiger Platzraum nordwestlich von St. Maximi mit einer schmalen Straßenfortsetzung unmittelbar an der Kirche, ist durch die „Reko" zu einem großen, alle innerstädtischen Maßstäbe sprengenden Platzraum aufgeweitet worden. Ein (dafür zu) kleiner Brunnen von Bernd Göbel (2004) greift Motive der Stadtgeschichte auf.

Die *Gotthardstraße* ist die alte Geschäftsstraße der Stadt, die zugleich den gesamten die Stadt von Nord und West durchquerenden Verkehr zu bewältigen hatte. Trotz einiger Maßstab sprengender neuer Gebäude hat sie etwas von ihrem alten eigenen Charme bewahren können.

Die *Burgstraße*, die vom Markt in Richtung Domburg führt, ist bei ihrer „Rekonstruktion" auf das Dreifache ihrer einstigen Breite gebracht worden. Ein

Gotthardstraße, Hauszeichen „Goldener Hahn", 1748

Skulpturenausstellung in einem Kellergewölbe der Galerie „Tiefer Keller"

damals an der Einmündung der Apothekerstraße, ehedem einer besonders engen Gasse, geschaffener kleiner Platzraum hat als Mitte einen Brunnen, den der hallesche Bildhauer Martin Wetzel dem Thema Lebensalter und Jahreszeiten widmete (1981). Von der einst in der Apothekergasse gelegenen Synagoge findet sich keine Spur mehr.

Die *Obere Burgstraße* führt östlich der Burgmauer um die Domburg herum in Richtung Neumarkt, der schon diesseits der Saale, „Vor dem Neumarkttor", beginnt, wie der alte Straßenname besagte. Das Tor selbst wurde wie Sixtitor und Gotthardstor, an denen man 1815 noch den preußischen Adler angebracht hatte, im gleichen Jahrzehnt abgebrochen. Die Steigungen der Straße wurden modern abgeflacht, vom ehemals niedrigeren Auslaufen der Neumarktbrücke (am alten Wohnhaus der Neumarktmühle noch zu beobachten) bis zum tiefer gelegten „Gipfel" der Oberen Burgstraße (nachvollziehbar an „Palmbaum" und „Burgschenk"). Gegenüber der Burgmauer, der „Hohen Mauer", die nach dem Dreißigjährigen Krieg mit kleinen Häusern überbaut worden war, prägten alte Bürgerhäuser mit mehrstöckigen Kelleranlagen den Straßenzug. Bis zum Bau der Straßenbrücke südlich der alten Neumarktbrücke war er *die* Straße für den Verkehr in Richtung Leipzig, der sich durch die engen Straßen der Stadt quälen musste.

Neumarkt und Neumarktkirche St. Thomä

Der *Neumarkt* ist der jüngste Stadtteil von Alt-Merseburg, sein prägendes Bauwerk die romanische *Neumarktkirche*, der einzige Bau, der aus der großen Zeit der Stadt im Mittelalter erhalten geblieben ist – freilich nicht ohne Einbußen. In einer Urkunde des Kaisers Friedrich Barbarossa aus dem Jahre 1188 wird sie zum ersten Mal mit ihrem für die Zeit höchst ungewöhnlichen Patrozinium erwähnt, war doch der hl. Thomas von Canterbury erst wenige Jahre zuvor heiliggesprochen worden.

Wurde 1324 nach jahrelangen Bemühungen an der Kirche ein Chorherrenstift gegründet, zog dieses jedoch schon nach wenigen Jahren zur Sixtikirche in der Altstadt um, weil ihm „der Ort für die geistlichen Pflichten der Chorherren ungünstig, die Kirche zu klein und eng, dazu in diesen kriegerischen Zeiten zu wenig gesichert, auch wegen der häufigen Überschwemmungen für Bauten wenig geeignet" erschien. So jedenfalls lautete die Begründung in der bischöflichen Verlegungsurkunde.

Überraschend ist der Raumeindruck, wenn man von der Straße durch das Säulenportal mit der berühmten *Knotensäule* buchstäblich ins romanische Mittelalter hinabsteigt. Um zwei Meter liegt der Kirchenfußboden unter dem heutigen Straßenniveau: So hoch ist das Gelände des Neumarkts seit seiner Gründung angeschüttet worden, um den in der zitierten Urkunde erstmals erwähnten Saalehochwassern entgehen zu können, die dennoch bis in die 40er Jahre des 20. Jahrhunderts immer wieder den gesamten Neumarkt überfluteten (zuletzt setzten sie noch 1993 die Baustelle Neumarktkirche unter Wasser).

Die Portale der Kirche sind erst seit 1825 an ihrem heutigen Platz. Ursprünglich führte das *Hauptportal* unmittelbar neben dem Turm ins nördliche Seitenschiff der Basilika, dessen Außenmauer bis zum jetzigen Außenniveau noch in der Erdauffüllung steckt. Auf der Südseite sind Seitenschiff und Nebenapsis wieder ergänzt worden – im Rahmen einer

Neumarktkirche, Hauptportal mit Knotensäule

Neumarktkirche, Innenraum

Neumarktkirche, „Rote Wand" von Klaus F. Messerschmidt, 1995

Gesamtinstandsetzung (1993–1995), die die bereits aufgegebene Kirche vor einem Ruinendasein bewahrte. Der dabei in seinen ausgewogenen Proportionen wiederhergestellte Kirchenraum hat sich als Konzerthalle mit hervorragender Akustik erwiesen.

Klaus Friedrich Messerschmidts Mahnmal „Rote Wand" (1995) im Querhaus erinnert an die Opfer, die ideologisch verbrämte Gewalt forderte und noch immer fordert.

Hinter der Kirche sollte man auf dem alten *Treidelpfad* am Saaleufer noch ein kleines Stück flussaufwärts gehen, um von dort den „Postkartenblick" auf Saalebrücke, Dom und Schloss genießen zu können.

Am anderen Ende des Neumarkts, jenseits eines allmählich verlandenden Kanals, der als Teil eines nur in isolierten Teilabschnitten realisierten Kanalsystems einstmals eine kommerzielle Schiffsverbindung bis nach Leipzig ermöglichen sollte, erstreckten sich an der alten Leipziger Landstraße die Amtshäuser. Hier befindet sich das erwähnte *Andreashospital*, für das

Andreashospital, Portalfigur von Johann Christian Trothe, 1746

1743/46 der Merseburger Architekt und Bildhauer Johann Christian Trothe einen barocken Neubau errichtete. 1813 wurde aus diesem das erste städtische Krankenhaus. 1909 durch einen Neubau am Gerichtsrain ersetzt, diente es noch Jahrzehnte als Altersheim.

Nach Norden und Süden grenzen hier die in ihren Dorfkernen noch ländlich geprägten „Vororte" Meuschau und Trebnitz an, östlich beginnt mit der „Fasanerie" und dem Propsteigehölz die Auenlandschaft. Eine jenseits der heutigen Bundesstraße 181 gelegene Bogenbrücke über die Alte Saale, die „Hohe Brücke" von 1577, ist heute, ohne Funktion, nur noch ein Bau- und Verkehrsdenkmal, das langsam verfällt ...

„Hohe Brücke", 1577

Altenburg und Kloster

Von der namengebenden „Alten Burg" ist keine erkennbare Spur geblieben. Sie war keine Ritterburg im uns gewohnten Sinn, sondern eine befestigte Siedlung, von deren einstigen Graben- und Wallanlagen uns nur die Archäologie noch näheren Aufschluss geben kann. Aber noch kennen wir nicht einmal ihre genaue Ausdehnung. Nur die Straßennamen Ober- und Unteraltenburg erinnern heute an sie.

Von den einstigen Freihäusern für den herzoglichen Hofadel und Bedienstete ist kaum etwas erhalten. An der Stelle von Hoppenhaupts berühmtem Wohnhaus, dem „Versunkenen Schlößchen", das 1988 abgebrochen wurde, bietet ein Neubau trotz der Verwendung von Abgüssen ursprünglichen Fassadenschmucks nur mehr einen schwachen Abglanz.

„Versunkenes Schlößchen", Wohnhaus des Bildhauers und Architekten Johann Michael Hoppenhaupt, 1744, historische Aufnahme um 1960

Die Altenburger Pfarrkirche St. Viti

St. Viti – Altar und Kanzel

Die kleine Altenburger *Pfarrkirche St. Viti*, im Kern eine romanische Anlage, Ende des 17. Jahrhunderts zu ihrer heutigen Größe erweitert, birgt mit Altar, Kanzel, Orgelprospekt und ihren mit biblischen Bilderzyklen geschmückten Emporen eine sehenswerte Ausstattung aus der Barockzeit. Östlich von ihr, auf gleicher Bauachse mit ihr, erhob sich einst die stattliche Kirche des Benediktinerklosters St. Peter und Paul aus dem 11. Jahrhundert. Die „Reformation" machte sie zum Steinbruch (vor allem zum Ausbau der Leipziger Landstraße). Ihre Fundamente wurden in den 1920er Jahren für ein leider nicht mehr zugängliches Freilichtmuseum teilweise freigelegt. Nur die ruinöse Südwestecke der Klausur mit ihren großen Kellergewölben und vor allem mit dem schönen frühgotischen Sommerrempter lässt noch Pracht und Größe der Anlage ahnen. Für ein Heimatmuseum, das hier seit 1913 für ein halbes Jahrhundert bestand, wurden die verbliebenen Gebäude letztmalig umfassend instand gesetzt.

Kirchenruine St. Sixti und Stadtfriedhof St. Maximi

Nach dem Abbruch einiger der unmaßstäblich hohen Plattenbauten, die seit der „Reko" die *Sixtiruine* umstellten, ist die ursprüngliche städtebauliche Wirkung des Bauwerks wieder nachvollziehbar geworden. Der mächtige romanische Turm, einst in das Verteidigungssystem der Stadt einbezogen, im späten 19. Jahrhundert mit einem pseudomittelalterlichen Wasserturmaufsatz versehen, bildete eine der Dominanten des alten Merseburgs. Enge ansteigende Gassen mit kleinen Häusern auf dem „Sixtigebirge", wie die alten Merseburger das kleine Viertel freundlich nannten, gaben der alten Kirche bis Ende der 1960er Jahre ihren Maßstab.

Sixtiruine

Seit 1327 Stiftskirche, erhielt auch sie um 1520, im Anschluss an das Domlanghaus des Bischofs Thilo von Trotha, ein neues Langhaus, das das größte der Merseburger Kirchen werden sollte, größer selbst als das des Domes. Es wurde wohl nie vollendet, die vorgesehene Einwölbung kam infolge der Reformation nicht mehr zustande.

Um 1580 aufgegeben, verfiel das Kirchengebäude nach und nach. Seit dem Dreißigjährigen Krieg ist es Ruine. Ein Wiederaufbauversuch Herzog Christians II. im späten 17. Jahrhundert scheiterte infolge von dessen frühem Tod.

Der benachbarte *Stadtfriedhof St. Maximi* gehört zu den schönsten, aber auch kunst- und kulturgeschichtlich bedeutendsten Friedhofsanlagen in Mitteldeutschland. Als Ersatz für die innerstädtischen Friedhöfe, auf denen katastrophale hygienische Zustände herrschten, wurde er 1581 während einer Pestepidemie vor dem Sixtitor unterhalb der Sixtikirche angelegt. Dort hatten vordem auch die Merseburger Juden ihre Toten beerdigt, bis sie 1514 aus der Stadt vertrieben wurden – von ihrem Friedhof ist keine Spur mehr zu finden, kein Grabstein blieb erhalten.

Grabmal „Nulandt", 1743, Johann Michael Hoppenhaupt I zugeschrieben

Der neue städtische Friedhof erhielt die Form eines Camposanto, dessen hohe Mauern innen schlichte Schwibbögen umzogen und Raum für kunstvoll gestaltete Grabmale boten. Als ein anderes Gedächtnis der Stadtgeschichte birgt er noch immer eine Fülle von Grabdenkmälern unterschiedlichster Form, die für Geschichte und Kunstgeschichte der Stadt Zeugnis ablegen. Ihre Reihe reicht von der Spätrenaissance bis in das 20. Jahrhundert. Besonders eindrucksvoll ist die Kunstepoche des Barock vertreten mit Grabplastiken aus den Werkstätten der führenden Merseburger Bildhauerfamilien der Trothe, Hoppenhaupt und Agner.

Tod und Totengräber, 1727, von Christian Trothe (Kopien)

Buck'scher Bogen, 1769, Johann Michael Hoppenhaupt II zugeschrieben

Grabdenkmal für Carl v. Basedow, † 1854

Im wörtlichen wie im übertragenen Sinn ragen die Pfeilerfiguren von *Tod und Totengräber* heraus, die der große Bildhauer (und spätere Merseburger Bürgermeister) Christian Trothe 1727 für das Portal einer ersten Friedhofserweiterung schuf (Kopien; die nach vandalischen Zerstörungen restaurierten, ursprünglich farbig gefassten Originale im Museum im Schloss). Dem Trauernden, der zur Beerdigung ging, erschien der Tod unerbittlich, ein Knochenmann mit der Sense, in ein Leichentuch gehüllt – dem vom Grab Zurückkehrenden zeigte der Bildhauer die Rückseite des Leichentuches als eine weißblaue Wolkenwand, über der die goldene Sonne der Auferstehung Trost spenden sollte: „Selten ist der Gedanke an die Vergänglichkeit des Irdischen so realistisch und doch so monumental gestaltet worden" (Hermann Giesau).

In die Ostwand der schlichten, würdigen Friedhofskapelle von 1613 hat man bei ihrer Erbauung ein *spätromanisches Tympanon* aus der Sixtikirche eingefügt, das gleichnishaft einen stilisierten Lebensbaum darstellt. Über dem Ausgangsportal auf der Südseite erinnert ein Kindergrabstein aus dem Gründungsjahr des Friedhofs an die Schrecken der Pestzeiten.

Zollingers Erbe

Albrecht-Dürer-Schule,
1928 erbaut

Die dem Fremden auffallenden „Zolldächer" mit ihrer typischen Dachwölbung sind eine Material sparende und Raum bietende, dazu ästhetisch gelungene Erfindung des Architekten und Merseburger Stadtbaurats Friedrich Zollinger (1880–1945). Seine Idee eines freitragenden Lamellendachstuhls aus gleichartigen Bohlenabschnitten ließ er 1923 als Teil seiner „Zollbauweise" patentieren. Hochgradig typisiert, Holz sparend und damit preiswert, benötigt es lediglich eine Vielzahl identischer, maschinell hergestellter Bretter oder Bohlen von 2,5 bis 5 Zentimeter Stärke, die zu einem netzartigen Gewölbe unterschiedlichster Größe zusammengefügt werden können. Diese Dachkonstruktion kombinierte Zollinger mit seinem bereits 1910 patentierten Schüttbetonverfahren, einem vor Ort herstellbaren Schüttbeton mit verbesserter Wärmedämmung, das auch eine fließbandartige Häuserfertigung im Taktverfahren mit dem „Merseburger Bauschiff" ermöglichte (das erste Beispiel war 1928/29 die GAGFAH-Siedlung mit 750 Wohnungen).

Zollingers Häuser gehören prägend zum Merseburger Stadtbild und das nicht nur in den Gartenstadtvierteln: Wohn- und Geschäftshäuser, Kirchen, Schulen, Verwaltungs- und Industriebauten, Lagerhallen, sogar Straßenbahnwartehäuschen und ein Schwanenhäuschen am Gotthardsteich gab es. Vieles ist freilich zerstört oder entstellt, die GAGFAH-Siedlung 2007 großenteils abgebrochen worden.

Sein wichtigster Bau in Merseburg ist die *Dürer-Schule* mit ihren beeindruckenden Innenräumen von Aula und Turnhalle (1927/28), seinerzeit nicht nur eine der schönsten, sondern auch eine der modernsten und zweckmäßigsten. Der Interessent kann sich Zollingers Erbe in Merseburg durch eine kleine Fahrradtour erschließen, beginnend am besten an der Dürer-Schule, um dann weiterzufahren durch leider schon zum Teil entstellte Siedlungen wie zum Beispiel „Preußen" (Ulmenweg 1921–1923) und Rittersplan (Geusaer Straße, 1919–1923), zum Erweiterungsbau des selbst nicht erhaltenen Neuen Rathauses am Markt (1929/30), dem ehem. Gesundheitsamt (Ecke Christianen-/Möstelstraße, 1926–1929), der Klausensiedlung (Lindenau- und Möstelstraße, ab 1922), zu Zollingers eigenem Wohnhaus (Am Stadtpark 22, 1924), der Kreuzkapelle Freiimfelde (1932) etwa bis zur Teescheune in Schkopau (1926/27).

An der Saale hellem Strande … –
die Stadt am Fluss und im Grünen

Die *Saale* hat, seit sie nicht mehr als Abwasserkanal unbesorgt wirtschaftender Großbetriebe dienen muss, ihre alte Anziehungskraft zurückgewonnen, sogar Angler sind hin und wieder zu sehen. Auch mit einem „Dampferchen" kann man die Stadt auf dem reizvollen Wasserweg zumindest für einige Stunden verlassen – flussabwärts nach Schloss Schkopau und über Halle bis nach Wettin, flussaufwärts über Leuna nach Bad Dürrenberg und vielleicht bald wieder bis nach Weißenfels – eine Strecke, die man auch bequem mit dem Fahrrad auf dem die Stadt durchquerenden *Saale-Radwanderweg* zurücklegen kann. Den Status eines Landschaftsschutzgebietes besitzt das Saaletal um Merseburg übrigens bereits seit 1961. Unter den zahlreichen hier nistenden Vogelarten fällt der Graureiher als „Charaktervogel" des Schutzgebiets auf; eine große Reiher-Kolonie bei *Collenbey* hat selbst der größten Luftverschmutzung trotzen können.

Die Stadt kehrt dem Fluss freilich den Rücken zu. Nur Schloss und Dom blicken über die Saale ins Land, Herrschaftsgeste der Bauherren, bewusstseinsprägend auch noch in heutigen Zeiten, während so mancher Merseburger die alte Abneigung gegen „die da oben" weiter pflegt.

Sonnenaufgang über der Saale-Elster-Aue

Die *Gartenkultur* hat in Merseburg seit Langem eine Heimstatt. Schon der älteste Grundriss der barocken Stadt um 1725 zeigt neben dem Schlossgarten mit seinen Ornament-Beeten und einem herzoglichen Garten auf der *Rischmühlen-Insel* mehrere Ziergärten, die vorwiegend zu Domherrenkurien gehörten. Auch Weinberge hatte man damals noch in der Stadt: am Saalehang vor dem Sixtitor, auf den Terrassen der ehemaligen Burgmauern oberhalb der Neumarktmühle („Hoppenhaupts Weinberg")

Graureiher in der Aue

und auf dem noch heute so genannten „Weinberg" in der Altenburg, der bereits 1012 in einer Urkunde Heinrichs II. erwähnt wird. Aber im Unterschied zum bitteren Merseburger Schwarzbier, das Goethe lobte, hat es der Merseburger Wein nicht zu höheren Weihen gebracht; die Reblaus bereitete ihm im 19. Jahrhundert ein stilles Ende.

Die städtischen Anlagen am *Stadtpark*, einem „englischen Garten" nördlich der Stadt, gehen bis 1840 zurück, als der damals gegründete Verschönerungsverein u. a. für Spazierwege über die Mühlwiese und an der alten Schkopauer Straße sorgte und unterhalb des Saalehangs mehrere Quellen fassen ließ (u. a. „Arnims Ruh" 1878).

Die erste öffentliche Kastanienpromenade auf dem *Altenburger Damm* ließ Herzog Heinrich 1735 auf dem alten Stadtwall anpflanzen. Die Promenade stadtseitig begleitend, entstanden um 1900 gärtnerische Anlagen an dem damals kanalisierten alten Stadtgraben, der Klia, die bis dahin wie ein Wiesenbach zwischen dem Wall und den Resten der Stadtmauer dahinfloss.

Auch die Anlagen um den Gotthardsteich, das „blaue Auge" der Stadt, haben ihre Geschichte. Nach der großen Erweiterung durch Bischof Tilo von Trotha, bei der mehrere Steinbrüche im Teich verschwanden, bildete der „Gotthards-See" einst eine riesige Wasserfläche bis fast nach Zscherben (dort erinnert heute nur noch ein ausgedehntes Ried an den ehemaligen „See").

„Vom außbruch des grossen Sees,
der Gottharts Teich genandt,
an der Stadt Mawer zu Marßburg gelegen

Im jahr Christi 1483. hat Herr Tilo, Bischoff zu Marßburg, an die Stadt Marßburg gegen abend auff das Wasser Gysila, welchs dardurch fleust, einen grossen See zu bawen angefangen, der ist darnach im jahr Christi 1504. Mittwoch nach Reminiscere, des 6. tages Marcii, auff den newen Monden, da es gantz finster gewesen, in der Nacht außgebrochen, denn es ist ein gros Schneewasser, in einem eilenden Taw, da das Erdreich noch gefrohren gewesen, und kein Wasser können einsincken, in Teich auff das dicke gefrorne Eiß kommen, welches Wasser das Eiß zurbrochen, auffgehaben, vnd das wilde Gerinne vnd die Schützbreth des Flutbettes versetzet, das außlauffen des Wassers verhindert, so hoch auff einander geschoben, daß mans auff ein eile vnd bey Nacht nicht mögen abräumen, der halben das Wasser in die höhe gewachsen, ist vber den Teichtamm gegen der Stadtmawren gefallen, vnd als das Wasser den Tamm zurrissen, ist das Eiß hernach gegangen, welches bey dritthalb viertel einer Ellen [d. h.: ca. 36 cm] dick gewesen, mit gewalt auff die Stadtmawer gestossen, in die höhe gestiegen, daß man bey der Tammühle mit einem Arm vber die Mawer durch ein loch das Wasser erreicht hat.

Da ist ein gros stücke der Stadtmawer eingefallen, das Wasser vnd Eiß hat die Stadt erfüllet, alle Häuser, Scheunen, Stelle, etc. vmb die Geissel im Grunde der Stadt, nach dem striche zurissen vnd hinweg geführt, vnd ist das Wasser aufm Marckte eines langen Mannes hoch gestanden.

In diesem Teichwasser seyn 9. Menschen, 360. Rösser(?), von allerley Vihe ertruncken, etliche schöne Gärten verderbet, vnd mit Sande verschlemmet."

(Ernesti Brottufij Chronica, Das ander Buch. Das 55. Capitel, Nachdruck von Hahn, Leipzig 1606)

Die Wasserfläche ist seit Anlage der (preußischen) „Thüringischen Eisenbahn" 1846 durch den Eisenbahndamm in einen „Vorderen" und einen „Hinteren Gotthardsteich" zerteilt, die nur noch ein schmaler Durchfluss der Geisel verbindet. Zudem ist auch der *„Hintere Teich"* seit den 1960er Jahren weiter zerschnitten worden durch den Thomas-Müntzer-Ring (heute die stark befahrene Bundesstraße B 91), was seine Verlandung förderte.

War der Stadtpark, die älteste städtische Parkanlage im Nordosten der Stadt, als reiner Landschaftspark auf dem Hochufer der Saale nördlich der Stadt konzipiert, als die Umwelt noch intakt war, so bildete die Anlage des *Südparks* den höchst erfolgreichen Versuch, die durch Ab-

Tierpark im Winter

lagerungen der chemischen Industrie, insbesondere der Leuna-Werke, schwer beeinträchtigte Geiselniederung westlich der Stadt zu sanieren und in eine Parkanlage für die „Naherholung" zu verwandeln. Auf den verlandeten Flächen und der südlichen angrenzenden Hochfläche wurde ein Landschaftspark angelegt, dessen erster Abschnitt 1978 der Öffentlichkeit übergeben wurde. Seitdem mehrfach erweitert, in Teilen auch wiederholt neu gestaltet, ist hier ein großer vielfältiger Landschaftspark mit Spielplätzen, Picknickgarten, Parkbühne und Gaststätte entstanden. Hauptanziehungspunkt ist ein *Tierpark* mit derzeit etwa 60 einheimischen Arten. Zu ihnen gesellen sich die Tiere in der freien Natur wie Rohrweihe, Roter Milan und Pirol. Das ganze Jahr hindurch mannigfach blühend, erfreuen am Hinterteich üppige Blumenrabatten den Besucher, für den ein *Rosengarten* mit an die hundert Rosensorten noch seine besondere Anziehungskraft hat.

Von Vorderteich bis Südpark erstreckt sich die gesamte großzügige und weitläufige Parkanlage auf einer Fläche von 23,5 Hektar kilometerweit die Geisel aufwärts bis zum großen Ried, wo sie in die freie Landschaft übergeht.

Im Merseburger Land –
In Städten und Dörfern der Umgebung

Reizvoll ist nicht nur die Merseburg umgebende Landschaft mit Geiseltal und Saale-Elster-Aue, auch mit seinen Dörfern und Städten, mit seinen Kirchen, Burgen und Schlössern bietet das historische „Merseburger Land" manches lohnende Ausflugsziel.

Vom großen Geiseltalsee bis zur Elsteraue:
Die „Merseburger Seenplatte"

Hatte man im Geiseltal bereits spätestens seit dem Ausgang des 17. Jahrhunderts kleinere Gruben für die Kohlegewinnung erschlossen, so ist die Landschaft um Merseburg in den letzten einhundert Jahren, seit dem Beginn des industriellen Braunkohlenabbaus im Geiseltal im Jahre 1906, im wahrsten Sinne des Wortes zweimal tiefgreifend verändert worden: Die landwirtschaftlich geprägte fruchtbare Hochfläche westlich der Stadt um das Tal der Geisel (deren Lauf allein viermal verlegt wurde) musste mitsamt 16 der Braunkohlengewinnung geopferten ganzen Ortschaften einer am Ende Tagebau-Mondlandschaft mit riesigen, bis zu 130 Meter tiefen Gruben und hoch aufgeworfenen Abraumhalden weichen, zuletzt auch noch ein Teil der Auenlandschaft östlich zwischen Saale und Elster. Erst in den 1990er Jahren, nach der deutschen Vereinigung, konnte über die Bund-Länder-Förderung mit bergmännischen Sanierungsmaßnahmen und

Wassereinlauf im entstehenden Geiseltalsee

Abendstimmung am Wallendorfer See

einer die Landschaft neu formenden Rekultivierung großen Stils begonnen werden. Ihre Vollendung ist inzwischen absehbar.

Durch die Flutung ehemaliger Tagebaue im Geiseltal mit Saalewasser entstehen zu dem bereits seit 1981 kultivierten kleineren Roßbacher „Hasse"-Tagebaurestloch (26 ha) fünf größere Seen, von denen der bis zu 70 Meter tiefe Geiseltalsee mit ca. 1.890 Hektar Wasserfläche der größte See im Lande und einer der größten künstlichen Seen in Deutschland sein wird, dazu der Großkaynaer (ca. 255 ha) und der Rundstedter See (ca. 230 ha). Auch in der Saale-Elster-Aue, im Bereich des ehemaligen Tagebaus Merseburg-Ost, gibt es solche Tagebauseen: den Wallendorfer (ca. 338 ha) und den Raßnitzer See (ca. 310 ha). Nicht zu vergessen sind schließlich die älteren, in den 30er bis 50er Jahren aus dem Kiesabbau hervorgegangenen Rattmannsdorfer Teiche nördlich von Merseburg bei Schkopau (der Hohenweidener mit 20,8, der Rattmannsdorfer mit 77,14 ha). Insgesamt erstrecken sich damit in naher Zukunft fast 30 Hektar an Seeflächen rund um Merseburg, so dass man versucht ist, von einer „Merseburger Seenplatte" zu sprechen.

Sie dienen zum Teil schon jetzt der Erholung. Dem Tourismus stehen vielfältige Nutzungsmöglichkeiten offen – über „sanften" Tourismus, der die neuen Naturschutzgebiete respektiert, bis zu Wasserski und Surfschule wie auf den Rattmannsdorfer Teichen und einer „Marina", die in Mücheln entsteht. Die hohen ehemaligen Abraumhalden bieten weite Blicke ins Land und über die Seen.

Über den Braunkohleabbau hinaus ist das Geiseltal vor allem als europäisch bedeutsame Fossillagerstätte pflanzlicher und tierischer Funde aus dem Tertiärzeitalter vor etwa 50 Millionen Jahren bekannt geworden.

Bad Lauchstädt

Lauchstädt, das kursächsische Modebad des 18. Jahrhunderts, ist der kulturgeschichtlich bedeutendste Ort in Merseburgs Umgebung. Im öffentlichen Bewusstsein blieb es durch sein Theater, das Johann Wolfgang von Goethe als Ober-Director der sächsisch-weimarischen Hoftheater-Commission im Jahre 1802 errichten ließ und in dem damals, häufig in Anwesenheit von Goethe oder Schiller, aufregendes zeitgenössisches Theater gespielt wurde, anziehend nicht nur für das Kurpublikum, sondern vor allem für Studenten aus dem preußisch-pietistischen Halle, wo das Theaterspielen verboten war. Und auch heute noch ist es vor allem das *Goethe-Theater* mit der originalgetreu wiederhergestellten Bühnentechnik seiner Entstehungszeit, das im Sommer, insbesondere zu den alljährlichen halleschen Händel-Festspielen, zahlreiche Besucher anlockt.

Behäbiges Landstädtchen in fruchtbarer Gegend, mit einem ehemaligen bischöflich-merseburgischen Wasserschloss, das nach dem Dreißigjährigen Krieg eine Nebenresidenz der Merseburger Herzöge wurde, verdankte der Ort seinen Aufschwung der Entdeckung des „Lauchstedter Martialischen Gesund-Brunnens" im Jahre 1700 – so bezeichnet vom Entdecker, dem Medizin-Primarius der halleschen Universität Friedrich Hoffmann (und Erfinder der bekannten „Hoffmanns-Tropfen"), der werbend von „der herrlichen Krafft und dem nützlichen so wohl innerlichen als äußerlichen Gebrauch" des Wunderwassers sprach. Es hat auch heute noch seine Ver-

Vom Merseburger Geigenherzog Moritz Wilhelm

Herzog Moritz Wilhelm war ein besessener Instrumentensammler. Um 1720 soll seine Sammlung bereits über 70 „Geigen" umfasst haben, die er in einem besonderen Saal des Merseburger Schlosses aufbewahrte.

Seine Vorliebe – und wohl auch der Schwerpunkt seiner Sammlung – galt den tiefen Streichinstrumenten, insbesondere seiner Bassgeige, vermutlich einem Violoncello, das er gern mit sich führte und bei allen passenden und unpassenden Gelegenheiten ertönen ließ.

Eine spätere Legende will wissen, dass er (oder auch sein Nachfolger) beim Gottesdienst im Dom, in der Fürstenloge hoch gegenüber der Kanzel, wann immer ihm eine Wendung seines Hofpredigers besonders gefiel, einen Ton auf seiner Bass-„Geige" erklingen ließ – was dann durchaus praktische Konsequenzen gehabt hätte; denn pro Geigenstrich soll es für den Hofprediger eine Kanne Wein aus dem herzoglichen Weinkeller extra gegeben haben …

Bad Lauchstädt, Kursaal im Konzertwinter

Bad Lauchstädt, Pause beim Theater-Sommer

ehrer – wenngleich es in Lauchstädt lange schon keinen Badebetrieb mehr gibt.

Die Quelle hatte 1710 die Merseburger Herzogin Erdmuthe Dorothea fassen lassen, ihr Sohn Herzog Moritz Wilhelm und sein Nachfolger Herzog Heinrich für Kurgebäude und die Anpflanzung von Kastanien- und Lindenalleen gesorgt. Sogar einen kleinen Spielsalon ließ man errichten, den später in den Park umgesetzten sogenannten Herzogspavillon, der Johann Michael Hoppenhaupt I zugeschrieben wird (um 1730).

Als nach dem Siebenjährigen Krieg Lauchstädt überraschend zum Sommerbad des Dresdener Hofes arrivierte, mussten die Kuranlagen „auf hohen Befehl und Anordnung Sr. Exzellenz des Herrn Grafen Marcolini" durch den Merseburger Stiftsbaumeister Johann Wilhelm Chryselius zeitgemäß vollständig neu gestaltet werden.

Die „Veränderung und Verbesserung durch neue Anlagen und Gebäude" von 1776–1782 bestimmt im Wesentlichen noch heute das Aussehen der Historischen Kuranlagen. Das alte Schloss-Vorwerk, auf eigener Insel im

Noch einmal von den Geigenherzögen

Von einem der Geigenherzöge ginge die Rede, sein Ehrgeiz sei es gewesen, einen Riesen zu finden, der ein Violoncello als Geige, und einen Zwerg, der eine Geige als Cello streichen könnte.

Mühlteich zwischen Wasserschloss und Brunnen gelegen, ließ Chryselius zugunsten einer Erweiterung des Teiches zum Parkteich beseitigen, um so vom Schlosstor eine neue Hauptachse zum Brunnen und den ihn umgebenden neuen Kurgebäuden legen zu können: dem großen Kursaal, den Quell- und Douche-Pavillon optisch flankieren – mit ihren beeindruckenden Dächern qualitätvolle Zeugnisse des Dresdener Spätbarock. In den Pavillons findet man heute sehenswerte Ausstellungen zur Bad- und Theatergeschichte, der Kursaal mit seiner von Schinkel veranlassten klassizistischen Ausmalung dient wie einst als Konzert- und Festsaal. Die Holzkolonnaden mit illusionistischer Architekturbemalung, die das Teichgelände auf der dem Schloss entgegengesetzten Seite begrenzen, dienen zu besonderen Festen wie dem in der Region beliebten Lauchstädter Chistkindlmarkt auch heute noch ihrem ursprünglichen Zweck als Verkaufsbuden.

Vom alten vierflügligen *Wasserschloss* hat mit Resten des ehemaligen Wassergrabens nur der südöstliche Teil überdauert (mit einigen barocken Stuckdecken, dazu einem Erker von 1536 und Inschriften aus den Jahren 1465, 1528 und 1585), der größere Teil mit der Schlosskapelle im Westflügel wurde 1903 durch einen Schulbau ersetzt, selbstverständlich Goethe-Schule benannt.

In der benachbarten *Stadtkirche*, einem barocken Saalbau mit einem in Teilen älteren Ostturm, gibt es einen ansehnlichen Altar von 1686, dem Zeitzer Hofbildhauer Heinrich Schau zugeschrieben: ein hervorragendes Schnitzwerk des mitteldeutschen Frühbarock, dazu ein von einem knienden Engel getragenes Taufbecken – beides wie der Kirchenbau selbst Stiftungen des Merseburger Herzogs Christians I.

Anfahrt (8 km):
Per PKW: über B 91, B 172 Richtung Querfurt
Per Bahn: Burgenlandbahn Merseburg-Schafstädt (ca. 17 min.)
Per Bus: Merseburg-Querfurt
Information: Internet: www.stadt-bad-lauchstaedt.de

Bad Dürrenberg

Einen Ausflug nach Bad Dürrenberg lohnen vor allem die noch immer bedeutenden Reste der ausgedehnten *Saline-Anlagen* und der gepflegte *Kurpark* oberhalb der Saale. Von Merseburg her kommend, sieht man schon von Weitem über die Saale-Ebene die landschaftsprägende Doppelturmanlage der beiden Solefördertürme: den barocken *Borlach-Turm* von 1764 mit seinem charakteristischen steilen Schieferhelm und den klassizistisch symmetrischen *Witzleben-Schacht* von 1811–1816. Die Saline am Dürren Berge war einst – in bewusster Konkurrenz zum preußischen Halle – das bedeutendste kursächsische Salzwerk: Auf Betreiben des sächsischen Bergrats Johann Gottfried Borlach wurde 1742 im alten Renaissance-Gutshaus ein Salzamt zur Erkundung der Möglichkeiten für eine wirtschaftliche Soleförderung eingerichtet, ab 1744 ließ dieser einen Salzschacht abteufen, aus dem endlich 1763 – aus einer Tiefe von 223 Metern – die erste Sole geschossen kam.

Imposant das zur Konzentration ("Gradierung") der Sole ab 1763 in mehreren, auch konstruktiv unterschiedlichen Bauabschnitten angelegte *Gradierwerk* – trotz mehrerer Teil-Abbrüche mit einer Länge von heute noch ca. 850 Metern (von ursprünglich 1830 Metern) eines der wenigen in dieser Größe erhaltenen Gradierwerke in Europa. Ein kleines *Borlach-Museum* am Borlach-Turm unterrichtet anschaulich über Geschichte und Technik der Soleförderung in Dürrenberg.

Nach Übergang des Ortes an Preußen 1815 wurde die Saline weiter ausgebaut. Um die Mitte des Jahrhunderts begann der Badebetrieb, in den 1890er Jahren entwickelte sich der Ort zum Kurbad, nach Gründung des Ammoniakwerks Merseburg, der späteren Leuna-Werke, zum bevorzugten Wohnstandort von Werksangehörigen (u. a. Laubenganghäuser des Architekten Alexander Klein, Ende der 1920er Jahre).

Dürrenberg, von Merseburg nicht nur über den Saale-Radwanderweg, sondern schon seit 1920 auch mit der Straßenbahn bequem zu erreichen, ist erst in jüngerer Zeit aus mehreren Dörfern zur Stadt zusammengefügt worden (1930 Großgemeinde, 1947 Stadtrecht). Aber trotz Anlage eines „Marktplatzes" um 1930 fehlt der Stadt ein echtes Zentrum, so dass das Gelände des Salzwerkes um den alten Gutshof noch immer den eigentlichen Ortskern bildet. Die Chance allerdings, nach Stilllegung der Saline (1963) das Gelände unter Umnutzung, auch Wiederherstellung von zerstörten oder verfallenden Siedehäusern bewusst zum Stadtzentrum zu entwickeln, wurde nicht genutzt. Die angestrebte Erneuerung des Kurbetriebes war nicht zu realisieren.

Einen Abstecher lohnen die Kirchen der in Dürrenberg aufgegangenen Orte *Keuschberg* (St. Laurentius, aus der Schinkel'schen „Normalkirche"

Bad Dürrenberg, Gradierwerk

abgeleiteter klassizistischer Rechtecksaal 1832) und *Vesta* (St. Katharina, in der Saale-Niederung gelegene kleine, ursprünglich romanische Saalkirche, nach dem Dreißigjährigen Krieg durchgreifend erneuert).

Unweit von Bad Dürrenberg in südöstlicher Richtung liegt die kleine Stadt *Lützen*, im Dreißigjährigen Krieg der Ort einer folgenreichen Schlacht, die im Jahr 1632 König Gustav Adolf v. Schweden das Leben kostete (schwedische Gedächtniskapelle nördlich der Stadt); das *Schloss* ein schlichter kastellartiger Bau, 1252 von den Merseburger Bischöfen als Burg zur Sicherung einer wichtigen Handelsstraße errichtet, 1538 zum Wasserschloss umgebaut, 1687 barock erneuert, heute Museum.

Lützen unmittelbar benachbart ist *Röcken*, der Geburtsort von Friedrich Nietzsche mit Geburtshaus, Grab, Gedenkstätte und Denkmal (2000 von Klaus Friedrich Messerschmidt) neben der kleinen romanischen Kirche (1. Hälfte 12. Jh.), an der Nietzsches Vater Pfarrer war.

Anfahrt (8 km):
    Per PKW: B 181, L 183, L 187
    Per Bahn: RB Weißenfels (ca. 20 min), RB Leipzig
    Per Straßenbahn: Linie 5
    Per Rad: Saale-Radwanderweg
    Per Boot: Saale
Information: Internet: www.tourist.badduerrenberg.de

Weitere Ausflugsziele in Stichworten

An der Saale

Flussabwärts reizvoller Rad- und Fußwanderweg nach *Schkopau*, das *Schloss* urspr. ottonische Turmhügelburg, im 12. Jh. Reichsburg (aus dieser Zeit der runde Bergfried), 1477–1945 im Besitz der Familie v. Trotha, Mitte 16. Jh. weitgehend erneuert, der Südflügel westlich der barocken Tordurchfahrt 1876 in Neorenaissanceformen, in den 1990er Jahren nach längerem Leerstand und Verfall tief greifend erneuert und zum Nobelhotel ausgebaut; die *Dorfkirche*, 1732–1734 von Christian und Johann Christian Trothe, mit bemerkenswerten Ausstattungsstücken aus Spätgotik und Barock.

In der Elster-Aue

Dorfkirche Burgliebenau, kleiner illusionistisch ausgemalter Barocksaal 1731 mit geschlossen erhaltener bauzeitlicher Ausstattung von Johann Heinrich Agner d. Ä. aus Merseburg (Konzertreihe „Musik in der Barockkirche Burgliebenau"); *Dorfkirche Raßnitz-Weßmar*, spätgotisch, barock erweitert, hervorragend Rokoko-Altar und Taufe mit Lesepultaufsatz 1754 von Johann Heinrich Agner d. J. aus Merseburg; *Dorfkirche Röglitz*, urspr. romanische Chorturmkirche mit landschaftsprägendem Turm über dem

Schloss Schkopau

arockkirche Burgliebenau, Agner-Altar und Deckenbemalung von Albrecht, 11732/33

Hang zur Aue, das Schiff barock, im spätgotischen Chorpolygon vorzüglicher Kanzelaltar mit Kruzifixus wohl von Johann Michael Hoppenhaupt I um 1730; in der Nähe der Kirche am Hang ehem. *Kelterhaus* (1687) vom herzoglichen Weingut.

Ebenfalls am Nordhang der Elsteraue mit weitläufigem Landschaftspark *„Schloss Ermlitz"*, das wegen der Beziehungen zu Carl Maria v. Weber, Felix Mendelssohn-Bartholdi und Richard Wagner kulturgeschichtlich bedeutende ehemalige Gutshaus der Leipziger Kaufmannsfamilie Apel, heute mit wiederbeschafften Stücken der Originalausstattung, mit vorzüglichen gemalten Rokokotapeten und Stukkaturen „Kulturgut Ermlitz" (Konzerte und Vorträge; Führungen auf Anmeldung).

Schloss Dölkau (privat, nicht zu besichtigen): großartiger klassizistischer Rechteckbau in Parkanlage, 1804–1806, wohl von dem Leipziger Architekten Johann Friedrich Dauthe, bemerkenswert das Treppenhaus mit illusionistisch bemalter Kuppel.

Im Geiseltal

Die *Kirchen* von Johann Michael Hoppenhaupt I in *Merseburg-Kötzschen* (um 1710/20, die qualitätvolle Ausstattung aus der Bauzeit unter Beteiligung der Merseburger Bildhauer Christian Trothe und Johann Heinrich Agner d. Ä., die Orgel 1738 von Johann David Tintzsch), *Oberbeuna* (1725, der Turm 1743; nach völlig ruinösem Zustand im Wiederaufbau zu kultureller Nutzung) und *Frankleben* (St. Martini, 1733/34, die gleichzeitige Ausstattung von Johann Gottfried Griebenstein aus Weißenfels); in Frankleben auch *Schloss* Unterhof (1326–1945 im Besitz der Familie v. Bose), die Vierflügelanlage eines Wasserschlosses der Spätrenaissance 1597–1603 (durch schwere Bergschäden und langen Leerstand Erhaltung akut gefährdet). Ein ungewöhnlicher Bau auch die

Mücheln, Wasserschloss St. Ulrich

Dorfkirche *Krumpa* mit massigem westlichem Querturm, das Schiff aus einer romanischen Kreuzkirche 1751 von Johann Christoph Schütze aus Weißenfels in einen barocken oktogonalen Zentralbau umgeformt.

Mücheln: schöner Marktplatz in Hanglage mit *Renaissance-Rathaus* 1571; die *Stadtkirche St. Jakobi* vermutlich am Ort der schon im Hersfelder Zehntverzeichnis im 9. Jahrhundert erwähnten Burg, Reste der Burgkapelle aus dem 13. Jahrhundert vielleicht in dem kryptaartigem Raum unter dem Chor der Stadtkirche aufgegangen; diese mehrfach gotisch erweitert, das große

Mücheln, romanische Dorfkirche St. Micheln

Schiff vom Barock geprägt: Sandsteintaufe 1720, Orgel von Johann Georg Papenius 1721, Kanzelaltar 1750; sehenswert auch die zu Mücheln gehörigen *Dorfkirchen St. Micheln*, ein stattlicher romanischer Bruchsteinbau aus Chor (die Apsis schon in romanischer Zeit abgebrochen), Schiff und hohem querrechteckigen Westturm (dendrochronologisch datiert 1171/72) auf einer Anhöhe über dem Ort, und *St. Ulrich*, einem herrschaftlichen spätbarocken Achtecksaal, 1791–1793 von Johann Wilhelm Chryselius, die Ausstattung bauzeitlich, die qualitätvolle Ausmalung 1910; in enger Verbindung zum *Wasserschloss* gleichen Namens mit Barockgarten und Landschaftspark, das Schloss unter Nutzung älterer Teile geprägt von einem durchgreifenden neubarocken Um- und Erweiterungsbau durch Paul Salinger 1924/25; in unmittelbarer Nachbarschaft zur Altstadt jetzt am Ufer des neuen Geiseltalsee eine *Marina* für den Wassersport.

Richtung Lauchstädt

Schloss Bündorf, an der Stelle einer frühmittelalterlichen Wasserburg großzügiger Barockbau (dendrochronologisch datiert 1728/29); in *Geusa Dorfkirche St. Georg*, lang gestreckter, im Kern romanischer Rechteckbau, frühgotisch verlängert, 1688 barockisiert, mit weithin sichtbarem hohen

Geusa-Blösien, Ladegast-Orgel, 1855

westlichen Querturm, prächtiger Kanzelaltar von halleschem Meister 1700, der noch an seinem Aufzugsseil schwebende Taufengel 1705 wohl von Christian Trothe, im Chorbereich Reste gotischer Wandmalerei; *Dorfkirche Oberklobikau* 1721 von Christian Trothe, dem auch der prachtvoll geschnitzte Kanzelaltar (1723) und die gleichzeitige Taufe mit Lespultaufsatz zuzuschreiben sind, die Orgel 1857 von Friedrich Ladegast.

Auf den Spuren von Friedrich Ladegast

Von dem großen mitteldeutschen Orgelbauer des 19. Jahrhunderts sind neben der großen und der kleinen Domorgel in Merseburg (1855/1866, IV Manuale/81 Register bzw. 1850, I/10) eine Reihe klangschöner Orgeln unterschiedlicher Größe aus der berühmten Weißenfelser Werkstatt in Kirchen des Merseburger Landes erhalten geblieben: Albersroda (1851, II/13), Geusa-Blösien (1855, I/11), (Ober-)Klobikau (1857, II/11), Zöschen (1863, II/18), Milzau-Bischdorf (1864, I/9), Schafstädt (1875, III/32), Braunsbedra-Braunsdorf (1876, II/17). In dem 1992 von Michael Schönheit begründeten alljährlichen „Orgelsommer im Merseburger Land" kann man sie im Konzert erleben und dabei auch manche ungewöhnliche Dorfkirche kennenlernen.

Übernachtung und Gastronomie

Übernachtung

Preisniveau: Doppelzimmer

€€€€€ ab 100 Euro   €€ ab 40 Euro
€€€€ ab 80 Euro   € unter 40 Euro
€€€ ab 60 Euro

Hotels

€€€€ Kurparkhotel
Parkstraße 15, 06246 Bad Lauchstädt
✆ (03 46 35) 2 03 53, 🖷 9 00 22
E-Mail: info@kurpark-hotel-bad-lauchstaedt.de
Internet: www.lauchstedter-gaststuben.de/hotel.htm
32 Zimmer farblich individuell und mit italienischen Möbeln und Dekostoffen im spätbarocken Stil. Die Zimmer sind nach bedeutsamen Persönlichkeiten, welche in Bad Lauchstädt zu Gast waren, benannt. z. B. J. W. Goethe, Fr. Schiller, Richard Wagner u. a.

€€€€ Radisson SAS Hotel Halle-Merseburg
Oberaltenburg 4, ✆ 4 52 00, 🖷 45 21 00
E-Mail: reservations.merseburg@radissonsas.com
Internet: www.merseburg-radissonsas.com
Das moderne Hotelgebäude am Schlossgraben mit 90 Zimmern, Restaurant „Belle Epoque", Rabenbar, Banketträumen, Wellness-Einrichtungen ist verbunden mit dem über 200 Jahre alten, sanierten barocken Zech'schen Palais mit 42 Zimmern und Palaissuiten.

€€€ **Best Western Hotel Stadt Merseburg**
Christiansenstraße 25, ✆ 35 00, 🖷 35 01 00
E-Mail: reservierung@stadt-merseburg.bestwestern.de
Internet: www.stadt-merseburg.bestwestern.de
Zentral gelegen mit 74 Zimmern, 146 Betten, 2 Restaurants, Terrasse und Schwimmbad mit Sauna zur Erholung und zur Entspannung. W-LAN gibt es im gesamten Hotel.

€€€ Appart Hotel am Südpark

Straße des Friedens 87, ✆ 54 20 🖷 54 24 00
E-Mail: info@apparthotel-merseburg.de
Internet: www.apparthotel-merseburg.de
Hotel in ruhiger Lage am Südpark, 68 Zimmer und Appartements, modern eingerichtet mit Telefon, Fernseher, Dusche/Bad und einer Miniküche. Die Zimmer sind für Behinderte geeignet, Familienpreis am Wochenende.

€€€ Hotel & Restaurant Lindenhof

Lindenstraße 21, 06246 Bad Lauchstädt
✆ (03 46 35) 7 82 90, 🖷 78 29 34
Internet: www.lindenhof-bad-lauchstaedt.de
Im Stadtzentrum von Bad Lauchstädt gelegen, 19 Zimmer, meist zum Innenhof des Hotelgeländes ausgerichtet, mit Bad/WC oder Dusche/WC, Telefon und Kabel-TV. Gutbürgerliches Restaurant, mit Biergarten und Weinkeller.

€€€ Hotel Merseburger Rabe

Ottoweg 19, ✆ 52 54 25, 🖷 52 54 27
E-Mail: info@merseburger-rabe.de
Internet: www.merseburger-rabe.de
Moderne Hotelzimmer – 4 Einzel-, 3 Doppelzimmer – mit Dusche, WC, SAT-TV und Internetanschluss. Restaurant mit Biergarten, Fahrradverleih.

€€€ Hotel Wettiner Hof

Hallesche Straße 53, ✆ 20 46 21, 🖷 24 98 16
E-Mail: mail@wettiner-hof.eu, Internet: www.wettiner-hof.eu
Unweit des Zentrums von Merseburg gelegen. 14 individuell und behaglich eingerichtete Zimmer, davon 8 Einzel- und 6 Doppelzimmer. Alle Zimmer mit Kabel-TV und W-LAN ausgestattet, Bäder modern und hell gestaltet.

€€ Check-Inn Hotel

Dorfstraße 12, ✆ 30 55 50, 🖷 3 05 55 11
E-Mail: info@check-inn-hotel.de
Internet: www.check-inn-hotel.de
48 modern eingerichtete Zimmer. Zur Ausstattung gehört neben TV auch ein Direktwahltelefon. Ein Internetzugang ist auf jedem Zimmer des Hotels möglich. Auf Anfrage können auch Nichtraucherzimmer gebucht werden. Gruppenpreis, Bar, Fahrstuhl.

€€€€€ **Schlosshotel Schkopau**

Am Schloß, 06258 Schkopau, ✆ (0 34 61) 74 90, 🖷 74 91 00

E-Mail: info@schlosshotel-schkopau.de

Internet: www.schlosshotel-schkopau.de

Gelegen in einem 80.000 qm großen Park gestaltet sich das aufwendig restaurierte Schlosshotel als eine grüne Oase am Rande der malerischen Saale-Elster-Aue. Das Hotel bietet 54 individuell und komfortabel ausgestattete Zimmer und Suiten mit Bad/Dusche und WC, Schreibtisch, Minibar, TV, Radio und Zimmersafe.

Daneben gibt es gehobene Gastronomie im mehrfach ausgezeichneten Restaurant des Hauses „Le Château", einen Beauty- und Wellnessbereich sowie vielseitige Tagungs- und Veranstaltungsmöglichkeiten.

Wer das ganz Besondere mag, feiert hier eine unvergessliche Schlosshochzeit. Das Schloss ist das Hochzeitshaus Nr. 1 in der Region und verfügt über ein Standesamt, eine Privatkapelle sowie eine persönliche Hochzeitsplanerin.

Das Schlosshotel Schkopau

ÜBERNACHTUNG

€€ Hotel Am Park

Gutenbergstraße 18, ✆ 21 54 72, 🖨 21 54 70
E-Mail: hotel-baumann@t-online.de
Internet: www.tiscover.de/baumanns-hotel
Zentrumsnah im Grünen mit 6 Einzel-, 5 Doppel-, 2 Mehrbettzimmern und einer Suite. Gastlichkeit, individueller Service und Hotellerie mit Speisen der regionalen und deutschen Küche. Frühstück, Halb- oder Vollpension.

€€ Hotel Zum Goldenen Löwen

Von-Harnack-Straße 3, ✆ 20 15 91, 🖨 20 15 92
Alle 19 Zimmer mit Bad und WC sowie TV und Telefon, jedes einzelne Zimmer gemütlich und stilvoll eingerichtet. Aufbettung mit Aufpreis möglich, Zustellung Kinderreisebett möglich ohne Aufpreis. Mit Biergarten!

Pensionen

€€€ Gasthaus und Pension Schadly

Querfurter Straße 38, Bad Lauchstädt, ✆ (03 46 35) 2 05 50, 🖨 2 05 51
E-Mail: info@gasthaus-pension-schadly.de
Internet: www.gasthaus-pension-schadly.de
3 Einzel-, 2 Doppel-, 1 Dreibettzimmer, 1 Appartement und 1 Hochzeitssuite. Alle Zimmer mit Dusche, WC, Telefon und Fernsehgerät ausgestattet.

€€ PENSION der besonderen ART am Krummen Tor

Domstraße 10, ✆ 24 86 11, 🖨 20 04 67
E-Mail: info@pension-der-besonderen-art.de
Internet: www.pension-der-besonderen-art.de
Pension in geschichtsträchtigem Haus, einer im Jahre 1711 erbauten Domkurie im Dom- und Schlossviertel Merseburgs. 4 „kunstvolle" Doppelzimmer, Küche, Aufenthaltsraum und Garten.

€ Haus Joachims Hof

Am Denkmal 4, ✆ 20 96 02, 🖨 41 54 20
E-Mail: info@joachims-hof.de, Internet: www.joachims-hof.de
Ehemaliger Bauernhof in Merseburg-Meuschau mit einer Apartmentwohnung, 2 Zweibett- und einem Einbettzimmern sowie einem Aufenthaltsraum mit Küche. 10 Minuten Fußweg an Saale und Schleusenkanal oder 5 Minuten Autofahrt bis ins Zentrum von Merseburg.

ÜBERNACHTUNG

Gastronomie

Gaststätten und Restaurants

Zentrum

Café-Restaurant Am Entenplan, Burgstraße 6, ✆ 21 45 66
Zentrale Lage gegenüber der Stadtkirche! Gutbürgerliche Küche. Nettes Ambiente und eine freundliche Bedienung bei gutem Preis-Leistungs-Verhältnis! *Geöffnet:* Mo.–Sa. 11–21 Uhr, So. 11–19 Uhr

Gaststätte Zum Rabeneck, Sixtistraße 16 a
Dem Gast wird eine gutbürgerliche Küche geboten. Biergarten mit 200 Plätzen! *Geöffnet:* Mo.–Sa. ab 11 Uhr, So. ab 10 Uhr

Jasmin, Markt 19, ✆ 21 23 15
Internet: www.restaurant-jasmin-merseburg.de
Restaurant direkt am Markt mit Blick auf die Stadtkirche. Stilvolle Einrichtung, kreative Küche, schöner Biergarten, gutes Preis-Leistungsverhältnis. *Geöffnet:* Di.–So. ab 11 Uhr, Mo. Ruhetag

Kantonstübli, Kleine Ritterstraße 12, ✆ 82 39 69
Schweizer Kost in schönem Klinkerbau. *Geöffnet:* Mo.–Fr. ab 11 Uhr, Sa. ab 18 Uhr, So. Ruhetag

Kartoffelhaus N°1, Brauhausstraße 17, ✆ 20 16 57
Im ehemaligen klassizistischen Ressourcengebäude von 1816. Wie immer eine sichere Bank! *Geöffnet:* Mo.–So. 12–14.30/17.30–0 Uhr

McMaikel Gaststube Zur Hölle, Bahnhofstraße 2, ✆ 21 11 85
Am Fuß des Altenburger Dammes. Gutbürgerliche Küche. *Geöffnet:* Mo.–So. 8–19.30 Uhr

Merseburger Rabe, Ottoweg 19, ✆ 52 54 25
Internet: www.merseburger-rabe.de
Hausmannskost und leckere Spezialitäten in gemütlichem Restaurant. *Geöffnet:* So.–Fr. 11–14.30 und 17–23 Uhr, Sa. 11–23 Uhr

GASTRONOMIE

Restaurant Belle Epoque, Oberaltenburg 4, ℰ 45 26 66
Internet: www.merseburg-radissonsas.com
Elegantes Restaurant für ein romantisches Abendessen bei Kerzenschein,
ein Geschäftsessen oder einen Sonntagsbrunch. Große Auswahl an kulina-
rischen Genüssen und feinsten Köstlichkeiten aus internationaler und re-
gionaler Küche in einer angenehmen französischen Atmosphäre. *Geöffnet:*
Mo.–So. 6–23 Uhr

Restaurant Parlamentsstuben, Oberaltenburg 2, ℰ 24 89 25
Internet: www.merseburg.radissonsas.com
Im historischen Ständehaus. Die ambitionierte Küche und das junge, nette
motivierte Team machen dieses Restaurant zur Empfehlung. Auch für ei-
nen romantischen Abend geeignet! *Geöffnet:* Di. 18–23, Mi.–Fr. 15–23 Uhr,
Sa., So., Feiertage 11.30–23 Uhr, Mo. Ruhetag

Restaurant Imperial, Gotthardstraße 28, ℰ 28 99 64
Internet: www.imperial-merseburg.de
Hier speist man im stilvollen, großzügig gestalteten Ambiente des 18. Jahr-
hunderts auf mehreren Etagen. Internationale Küche: Froschschenkel,
Känguru, Strauß, Krokodil, Pferd bis hin zu Fischspezialitäten. Viele
Stammgäste. Reservieren! *Geöffnet:* Mo.–Sa. ab 11 Uhr, So. 11–14.30 Uhr

Im Restaurant Imperial

GASTRONOMIE

Ritters Weinstuben – Innenhof

Ritters Weinstuben, Große Ritterstraße 22, ✆ 3 36 60
Internet: www.rittersweinstuben.de
Eine der ältesten und beliebtesten Gaststätten Merseburgs. Der Biergarten, ein idyllischer Innenhof, ist eine hiesige Attraktion. *Geöffnet:* tgl. ab 11 Uhr

Taj Mahal, Burgstraße 13, ✆ 27 68 59
Internet: www.tajmahal-domstadt-merseburg.de
Indische Küche. Bunte Farben und verspielte Dekorationen. *Geöffnet:* Mo. 17.30–23 Uhr, Di.–So. u. Feiertage 11.30–14.30/17.30–23.30 Uhr

Außerhalb

Flugzeugcafé, Kastanienpromenade 50, ✆ 52 57 77
Gutbürgerliche Küche und russische Spezialitäten im Luftfahrt- und Technik-Museumspark. *Geöffnet:* Di.–So. 11–18 Uhr, Mo. Ruhetag

Gaststätte Bootshaus, Am Stadtpark 39, ✆ 21 51 51
Beliebte Ausflugsgaststätte an der Saale mit gutbürgerlicher Küche. *Geöffnet:* Di.–Fr. 15–23 Uhr, Sa. 10–24 Uhr, So. 10–21 Uhr, Mo. Ruhetag

Wirtshaus & Pension Alt Merseburg, Gutenbergstraße 23, ✆ 23 18 92
Schmackhaftes Essen. Rustikales Ambiente mit leicht launischer Bedienung. *Geöffnet:* tgl. ab 11 Uhr

GASTRONOMIE

In der Umgebung

Lauchstädter Gaststuben, Parkstraße 16, Bad Lauchstädt
✆ (03 46 35) 2 03 53
Internet: www.lauchstedter-gaststuben.de
Speisen wie einst Johann W. von Goethe, Friedrich von Schiller und Richard Wagner nach historischen Rezepten der Region. *Geöffnet:* Di.–So. 11.30–23 Uhr, Mo. Ruhetag (außer April bis Oktober und Dezember)

Restaurant Lindenhof, Lindenstraße 21, Bad Lauchstädt
✆ (03 46 35) 7 82 90
Internet: www.lindenhof-bad-lauchstaedt.de
Behagliches Restaurant mit gehobener Küche. Sonniger Biergarten, rustikaler Weinkeller. *Geöffnet:* tgl. 11–22 Uhr

Le Château, Am Schloss, Schkopau, ✆ (0 34 61) 74 90
Internet: www.schlosshotel-schkopau.de
Ausgesuchte regionale und internationale Speisen. Stilvolles Ambiente, historisches Tonnengewölbe und eine Kaminbar. *Geöffnet:* tgl. 6.30–23 Uhr

Cafés

Bäckerei, Konditorei & Café Rathaus, Neumarkt 21, ✆ 20 53 14
Internet: www.baeckerei-cafe-rahaus.de
Nahe der romanischen Neumarktkirche. Hervorragende Kuchenauswahl, Spezialität des Hauses sind die beliebten Rabentörtchen. *Geöffnet:* Mo.–Fr. 6–18 Uhr, Sa. 6–17 Uhr, So. 14–17 Uhr

Café am Kloster, Kloster 1, ✆ 82 48 40
Der beste Kuchen in ganz Merseburg! *Geöffnet:* Di.–So. ab 11 Uhr, Mo. Ruhetag

Café ben zi bena, Domplatz 6, ✆ 82 49 30
Internet: www.ben-zi-bena.de
Café im Galeriegebäude der gleichnamigen Kunststiftung. *Geöffnet:* tgl. ab 10 Uhr

Campus Café, Geusaer Straße 81a, ✆ 37 59 57
Café auf dem Gelände der Hochschule. *Geöffnet:* tgl. 10–20 Uhr

Kulturadressen

Museen und Archive

Kulturhistorisches Museum Schloss Merseburg, Domplatz 9

Geschichte von Königspfalz, Bistum und Stadt im frühen und hohen Mittelalter, Exponate zur Kunst und Kulturgeschichte der Stadt und des Merseburger Landes vom späten Mittelalter bis zur Gegenwart, Archäologie der Stadt und der Region.

Information: ℅ 40 13 08 und 40 20 10, Internet: www.saalekreis.de
Öffnungszeiten: März-Okt. tgl. 9-18 Uhr, Nov.-Feb. tgl. 10-16 Uhr

Deutsches Chemie-Museum Merseburg, Hochschulcampus an der Geusaer Straße

Seit dem Jahr 2000 mehr als 1.500 Exponate im Freiluft-Technikpark. Viele der Ausstellungsstücke, aus „Rückbauten" in Leuna und Buna, sind einmalig in der Welt und zeugen von der Leistung deutscher Ingenieure und Wissenschaftler.

Information: ℅ 46 30 70
    Internet: www.deutsches-chemie-museum.de
Öffnungszeiten: April-Okt. tgl. 10-17 Uhr, Mo Ruhetag

Luftfahrt- und Technik-Museumspark Merseburg

Kastanienpromenade 50

Flugzeuge von 1918 bis heute, Gas- und Heißluftballone sowie DDR- und Ostblock-Fahrzeuge aller Art. Für Kinder und Jugendliche ein interessantes Ausflugsziel.

Information: ℅ 52 57 76, Internet: www.luftfahrt-technik-museum.de
Öffnungszeiten: 5. April-14. Okt. Di-Do 9-17 Uhr, Fr 9-14 Uhr, Sa u. So 10-18 Uhr, Mo Ruhetag, 15. Okt-14. April Di-Do 9-16 Uhr, Fr 9-14 Uhr, Sa u. So 10-17 Uhr, Mo Ruhetag

Domstiftsarchiv und -bibliothek am Dom, Domplatz 7

Die Sammlungen des Domstifts im von Kriegs- und Nachkriegsschäden geheilten Kapitelhaus und in den neuen Ausstellungsräumen am Kreuzgang.

Information: ℅ 21 00 45, Internet: www.vereinigtedomstifter.de
Öffnungszeiten: März -Okt. Mo-Sa 9-18 Uhr, Nov-Feb. 10-16 Uhr, So. u. kirchlicher Feiertag 12-16 / 12-18 Uhr

Im Luftfahrt- und Technik-Museumspark Merseburg

Historisches Stadtarchiv, König-Heinrich-Straße 20
Die Bestände des Historischen Stadtarchivs, Nachlässe von Merseburger Heimatforschern, Fotosammlung u. v. m., reichen bis auf die Zeit nach dem großen Stadtbrand von 1444 zurück.
Information: ✆ 28 94 10, Internet: www.merseburg.de
Öffnungszeiten: Di u. Do 10-12 u. 13-16 Uhr

Landeshauptarchiv Sachsen-Anhalt – Abteilung Merseburg
König-Heinrich-Straße 83
Archivgut der Landesbehörden der Mittel- und Ortsstufe im jetzigen Regierungsbezirk Halle sowie deren Rechts- und Funktionsvorgängern auf dem Territorium des Regierungs- bzw. Verwaltungsbezirkes Merseburg (1815–1947/52) und des Bezirkes Halle (1952–1990).
Information: ✆ 4 73 80
   E-Mail: merseburg@lha.mi.sachsen-anhalt.de
Öffnungszeiten: Mo, Di u. Do 8-15.15, Mi 8-17.30, Fr 8-12.45 Uhr

Galerien

Willi-Sitte-Galerie für gegenständliche Kunst, Domstraße 15

Überblick über das umfangreiche Gesamtwerk von Willi Sitte, mit hochrangigen Sonderausstellungen.

Information: ✆ 21 22 31

   Internet: www.willi-sitte-galerie-merseburg.de

Öffnungszeiten: Di-Do 10-18 Uhr, Fr-So 10-17 Uhr; Mo geschlossen

Kunststiftung ben zi bena Merseburg e.V., Domplatz 6

Wechselnde Ausstellungen zur bildenden Kunst, Lesungen.

Information: ✆ 82 49 46, Internet: www.ben-zi-bena.de

Öffnungszeiten: tgl. 10-20 Uhr

Domgalerie, Tiefer Keller 3

Im Kunsthaus „Tiefer Keller" präsentiert die Domgalerie in Zusammenarbeit mit dem „Merseburger Kunstverein" wechselnde Ausstellungen junger und gestandener Künstler aus den unterschiedlichsten Bereichen.

Information: ✆ 28 90 40

   Internet: www.domgalerie-merseburg.de

Öffnungszeiten: Di-Fr 9-18 Uhr, Sa 10-14 Uhr

Die Kunststiftung ben zi bena

Kulturkalender

Merseburger DEFA-Filmtage

Seit 2006 finden alljährlich Ende **Januar** die Merseburger DEFA-Filmtage statt. Die Besucher erwarteten ein abwechslungsreiches Programm mit Filmkunst, Gesprächsrunden, Lesungen, Live-Musik und mehr.
Internet: www.filmtage-merseburg.de

Puppentheaterfestwoche Mimen mögen Merseburg

Jedes Jahr Mitte **März** finden sich Puppenbühnen aus ganz Deutschland in Merseburg ein. Das Fest im Plenarsaal der Stadt ist nicht nur für die Kleinsten eine Attraktion.

Merseburger Schlossfest mit Historischem Umzug

Seit 1969 findet jährlich Mitte **Juni** das Merseburger Schlossfest statt. Der Historische Festumzug mit mehr als tausend Mitwirkenden hat sich zum Höhepunkt dieses Volksfestes entwickelt.

Internationales Schlossgraben-Festival

Seit 1993 findet im Schlossgraben ein Internationales Schlossgraben-Festival statt. An jedem zweiten Wochenende im **Juli** und im **August** sorgen Folk-Gruppen, Folklore-Tänzerinnen, Barden und Liedermacher von internationalem Rang für Unterhaltung.

Merseburger Orgeltage

Im Kulturleben der Stadt sind die traditionsreichen internationalen „Merseburger Orgeltage" alljährlich Mitte **September** das herausragende Ereignis. Im Mittelpunkt der Festtage steht die Domorgel, die 1855 von Friedrich Ladegast erbaut wurde.
Internet: www.merseburger-orgeltage.de

Tag des offenen Denkmals

„Tag des offenen Denkmals" ist jeweils am zweiten Sonntag im **September**.

Kunstmesse Merseburg

Seit 2006 wartet Merseburg mit einer jährlichen Kunstmesse auf, die im **Oktober** im Ständehaus stattfindet. Alle Bereiche der Bildenden Kunst sind vertreten – Malerei, Grafik, Fotografie, Buchkunst, Schmuck, Textilgestaltung, Skulpturen und Keramik.
Internet: www.staendehaus-merseburg.de

Feuerwerk zum Merseburger Schlossfest

Am Abend und in der Nacht

Theater

Theater am Campus TaC, Geusaer Straße 88

Seit 1999 hat der Campus ein eigenes Theater. Der ehemalige Lesesaal wurde aufwendig umgebaut und mit guter Technik für Licht, Filmprojektionen und Musikeinspielungen ausgestattet. 68 Plätze mit ansteigenden Reihen und angenehmer Polsterbestuhlung. Hier finden Inszenierungs- und Schauspielprojekte im Rahmen des Lehrgebietes Theater- und Medienpädagogik statt.

Information: ✆ 46 22 36 (Dienstag 11–13 Uhr)
 Internet: www.hs-merseburg.de/tac

Goethe-Theater Bad Lauchstädt, Parkstraße 18

Das Theater mit seinen 456 Plätzen ist im „Theatersommer" an Nachmittagen von Mai bis Oktober Gastspielstätte für Ensembles. Meist werden Werke des 18. Jahrhunderts dargeboten. Die rekonstruierte, hölzerne Bühnenmaschinerie von 1802 ist noch voll funktionsfähig. Im Winter finden im historischen Kursaal die Konzerte des „Konzertwinters" statt.

Information: ✆ (03 46 35) 78 20
 Internet: www.goethe-theater-bad-lauchstaedt.de

Konzert

Merseburger Dom

Unter der Intendanz von Domorganist Michael Schönheit ist der Merseburger Dom ganzjährig ein Ort hochrangiger Konzerte mit hervorragenden Solisten und Ensembles:

In der Konzertreihe „Merseburger Dom-Musik" von Mai bis September gibt Michael Schönheit regelmäßig Konzerte an der berühmten Ladegast-Orgel und anderen Orten im Dom und im Kreuzgang. Eröffnet wird die Konzertreihe traditionell von einem Ensemble-Konzert, zumeist mit der „Merseburger Hofmusik". Kammermusiken im Kreuzgang runden das Programm dieser städtischen Veranstaltungsreihe ab.

Jeden 2. Sonnabend um 12 Uhr von Mitte Mai bis Ende Oktober kann man die Domorgel in der Reihe „Orgelklang 12" mit namhaften Solisten erleben (Konzertreihe der Vereinigten Domstifter).

Kongress- und Kulturzentrum Ständehaus Merseburg
Oberaltenburg 2

Das Ständehaus heute, vollkommen renoviert, bietet Raum nicht nur für klassische und Jazz-Konzerte, sondern viele Arten kultureller Unterhaltung wie Kabarett, Ausstellungen und Bälle.
Information: ℂ 24 89 15, Internet: www.staendehaus-merseburg.de

Stadtkirche St. Maximi, Burgstraße
Jährlich veranstaltet die Stadtkirche St. Maximi eine Konzertreihe mit Orgel- und Orchesterkonzerten, aber auch Gospel- und Chorkonzerten.
Information: ℂ 2116 40, Internet: www.kirchenmusik-merseburg.de

Schlossgartensalon, Mühlberg 1
Der um 1730 von Johann Michael Hoppenhaupt erbaute Schlossgartensalon, ein Pavillon für Gartenfeste, ist heute ein beliebter Veranstaltungsort unter anderem für regelmäßige Konzerte der Staatskapelle Halle.
Information: ℂ 21 37 30

Nähere Informationen über Konzerte und sonstige Veranstaltungen in Merseburg kann man dem Merseburger „Virtuellen Stadtmagazin" entnehmen. Internet: www.merseburg.de

---

Merseburger Dom-Musik: Kreuzgang-Konzert unter Michael Schönheit

Kino

Domstadtkino Merseburg, König-Heinrich-Str. 7

Bis zu acht verschiedene Filme pro Woche, vier Kinosäle bieten 477 Zuschauern Platz. Eine Theke im Foyer und eine hauseigene Kinobar im Keller runden den Besuch ab.

Information: ☏ 35 28 53, Internet: www.domstadtkino-merseburg.de
Öffnungszeiten: tgl. ab 14 Uhr

Diskotheken, Live-Musik, Kneipe

Reaktor Merseburg,
Geusaer Straße 88

Die alte Studentenclubatmosphäre von einst mit Biertrinken und Schwatzen ist Vergangenheit. Inzwischen herrscht hier eher Discoambiente.

Information: E-Mail: reaktor@hs-merseburg.de
   Internet: www.hs-merseburg.de/~reaktor

Alchimistenfalle, Geusaer Straße 88

Ein weiterer Studentenclub und gute Adresse für Bierabende, Disco und Bacardi Night.

Information: E-Mail : info@alchimistenfalle.de
   Internet: www.alchimistenfalle.de

Gasometer, Dammstraße 8 / Poststraße 11

Authentische Kneipe mit eigener Bühne, „Die Grube", für handfeste Konzerte.

Information: ☏ 20 05 71, Internet: www.gasometer-merseburg.de

Queens, Brauhausstraße 17

Erlebnisgastronomie mit Restaurant „Schlosskeller", Cocktail Lounge, Tanztempel und einer Bühne für Comedy und Varieté.

Information: ☏ 72 07 61
Internet: www.queens-merseburg.de
Öffnungszeiten: Cocktail Lounge und Tanztempel Fr–Sa ab 21 Uhr

Eingang zum Queens

Freizeit

Bowling
Achterbahn Bowling, Hallesche Straße 42
Bowling, Billard, Dart, Minigolf und Gastlichkeit.
Information: ✆ 21 58 58, Internet: www.8erbahn-bowling.de
Öffnungszeiten: Mo.-Do. 14-1 Uhr, Fr.-Sa. 14-2 Uhr, So. 11-1 Uhr

Freibad
Geiseltalsee, Mücheln / Braunsbedra
Mit 18,4 km² der größte künstliche See Deutschlands. In der Stadt Mücheln wurde bereits mit dem Bau eines Yachthafens begonnen.
Information: ✆ (03 46 32) 9 08 41 (Mücheln) oder (03 46 33) 4 00
    (Braunsbedra), Internet: www.muecheln.de oder
    www.braunsbedra.de

Waldbad Mücheln, Backhausberg
Schöne Liegewiese, drei Schwimmbecken und Sprungturm.
Information: ✆ (03 46 32) 2 23 63
Öffnungszeiten: ab 1. Mai tgl. ab 10 Uhr

Schwimmhalle Merseburg

Hallenbad und Sauna
Schwimmhalle Merseburg, Leunaer Straße 38
Mit Schwimmer-, Nichtschwimmer- und Planschbecken sowie Kraft- und Gymnastikraum, Sauna und Solarium.
Information: ✆ 21 41 73
   Öffnungszeiten: Internet: www.merseburg.de

Kegeln
Kegelparadies Merseburg, Weißenfelser Straße 76 a
8-Bahnen-Automatikanlage, für Vereine, Gruppen und Einzelpersonen, gepflegte Gastlichkeit.
Information: ✆ 23 02 02
   Öffnungszeiten: Internet: www.merseburg.de

Rischmühlenhalle, Rischmühle 3
Die Sport- und Mehrzweckhalle wurde im Jahr 2000 eröffnet und steht sowohl für sportliche als auch andere Veranstaltungen (z. B. Konzerte) zur Verfügung, mit zum Teil internationalem Sportprogramm.
Information: ✆ 23 02 02
   Öffnungszeiten: Internet: www.merseburg.de

Lesen
Stadtbibliothek „Walter Bauer", König-Heinrich-Straße 20
Großer Bestand an Fachliteratur und Belletristik sowie Filmen und Tonträgern. Regelmäßig gibt es Lesungen und immer wieder interessante Ausstellungen.
Information: ✆ 2 89 40
   Internet: www.hs-merseburg.de/~wwwbib/stbibmer
Öffnungszeiten: Mo und Fr 10–12 Uhr und 13–18 Uhr, Di und Do
   13–18 Uhr

Wassersport
Bootshaus, Am Stadtpark 39
Übernachtungen für Ruderer, Kanuten, Radfahrer und Wanderer.
Information: ✆ 21 51 51
   Internet: www.merseburger-rudergesellschaft.de

Merseburg von A bis Z

Anreise

Mit dem Auto: Merseburg besitzt Autobahnanbindung an die A 9 (Berlin–München), Abfahrt Leipzig-West, über B 181 Richtung Merseburg; die A 14 (Dresden–Leipzig–Halle–Magdeburg), Abfahrt Halle, über B 91 Richtung Merseburg; die A 38 Leipzig–Halle–Göttingen), Abfahrt Merseburg-Nord oder Merseburg-Süd.

Mit dem Öffentlichen Personennahverkehr: Busverbindungen u. a. von Leipzig, Querfurt, Mücheln; Straßenbahn Linie 5 aus Richtung Halle.

Mit der Bahn: Bahnlinie Berlin–Erfurt–Frankfurt/Main, mit dem IC bis Halle oder Weißenfels, weiter mit der Regionalbahn.
Information: ✆ (08 00) 15 07 09 0 Fahrplanauskunft (automatisch) Internet: www.bahn.de

Mit dem Flugzeug: Interkontinental-Flughafen Leipzig–Halle, ca. 40 Autominuten entfernt, weiter mit Bus oder Bahn. *Information:* Internet: www.leipzig-halle-airport.de

Apotheken

Apotheke am Brühl, Brühl 1a, ✆ 20 45 77
König-Heinrich-Apotheke, Hölle 1, ✆ 20 37 70
Rosental-Apotheke, Christianenstraße 13, ✆ 23 15 39
Stadt-Apotheke, Gotthardstraße 22, ✆ 30 90 10
Stern-Apotheke, König-Heinrich-Straße 40, ✆ 21 10 63

Feiertage

1. Januar: Neujahr; **6. Januar:** Heilige drei Könige; **Ostern**; **1. Mai**: Maifeiertag; **Christi Himmelfahrt**; **Pfingsten**; **3. Oktober:** Tag der deutschen Einheit; **31. Oktober**: Reformationstag; **25. / 26. Dezember**: Weihnachten

Gottesdienste

Evangelisch: jeden Sonntag 10.00 Uhr in der Stadtkirche (Winterhalbjahr) bzw. im Dom (Sommerhalbjahr), Altenburger Pfarrkirche St. Viti (ganzjährig)
Katholisch: sonntags 8.30 Uhr Hl. Messe St. Ulrich Merseburg- Süd, 10 Uhr Hl. Messe St. Norbert Merseburg
Information: Internet: www.kirche-merseburg.de

Informationsstellen
Tourist-Information, Burgstraße 5
Information: ☎ 214170, Internet: www.merseburg.de
Öffnungszeiten: Mo-Fr 10-18 Uhr, Sa 9-13 Uhr
Merseburg-Tourist e.V., c/o Tourist Information, Burgstraße 5
Information: ☎ 214170, Internet: www.merseburg-tourist-ev.de

Krankenhaus
Carl-von-Basedow-Klinikum Merseburg, Weiße Mauer 52
Information: ☎ 27 0, Internet: www.klinikum-merseburg.de

Literaturhinweise
Die Chronik des Thietmar von Merseburg, illustriert von Klaus F. v. Messerschmidt, Bearb. von Robert Holtzmann, Übers. J. C. M. Laurent,/J. Strebitzki/W. Wattenbach

Die Merseburger Bischofschronik, übersetzt u. mit Anmerkungen versehen v. Otto Rademacher. Merseburg 1903-1908.

Kunde, Holger/Hörsch, Markus: Das Merseburger Kapitelhaus - Domschatz, Domstiftsarchiv, Domstiftsbibliothek

Moebius, Georg: Neue Merseburgische Chronica ... 1668. Nebst der Fortsetzung von G. L. Präger bis 1760. Merseburg 1914 (Merseburger Chroniken II).

Nühlen, Maria: Sensenmann und Engelsflügel. Die Grabmalkunst des Merseburger Stadtfriedhofs St. Maximi (erscheint Sept. 2008)

Ramm, Peter: Alte Merseburger Bauwerke außer Dom und Schloß. Merseburg, 2. Aufl. 1987.

Ramm, Peter: Der Merseburger Dom. Seine Baugeschichte nach den Quellen. Weimar, 2. Aufl. 1978.

Ramm, Peter: Die Neumarktkirche zu Merseburg. DKV München/Berlin, 2. Aufl. 1996.

Ramm, Peter: Dom und Schloss zu Merseburg, Edition DKV 2008

Ramm, Peter: Merseburg in romanischer Zeit - Königspfalz, Bischofssitz, Stadt. Merseburg 2003.

Schulze-Thulin, Britta: Halle und Umgebung, Wanderführer

Notruf
Polizei 110
Feuerwehr und Rettungsdienst 112 oder 28 9112
Krankentransporte 28 9110

Kassenärztlicher Notfalldienst 28 91 11
Giftnotruf (u. a. für Sachsen-Anhalt) (03 61) 73 07 30
Telefon-Seelsorge (08 00) 111 01 11 (ev.), (08 00) 111 02 22 (kath.)
ADAC (01 80) 2 22 22 22

Öffentlicher Nahverkehr
Personennahverkehrsgesellschaft (PNVG)
  Merseburg-Querfurt mbH
  Information: ℂ 21 01 74, Internet: www.pnvg.de

Polizei
Polizeidirektion Merseburg, Hallesche Straße 96–98, ℂ 44 60

Post
Hauptpost, König-Heinrich-Straße 11
  Öffnungszeiten: Mo-Fr 9-18 Uhr, Sa 9-12 Uhr
Weitere Postämter in der Klobikauer Straße 5 und am Entenplan 3
Deutsche Post AG: Kundentelefon ℂ (01 8 02) 33 33
  Internet: www.deutschepost.de

Taxi
ℂ 23 23 00, ℂ 73 73 73,

Telefon
Vorwahl nach Merseburg in Deutschland 0 34 61
Vorwahl nach Merseburg aus dem Ausland 00 49 + (34 61)
Vorwahl nach Lichtenstein 0 04 23
Vorwahl nach Luxemburg 0 03 52
Vorwahl nach Österreich 00 43
Vorwahl in die Schweiz 00 41
Inlandsauskunft 118 33 (dt., 24 h), 118 36 (engl., 6-23 Uhr)
Auslandsauskunft 118 34

Zeitungen und Zeitschriften
Die *Mitteldeutsche Zeitung* informiert täglich über das aktuelle
Stadtgeschehen und alle wichtigen Termine. Die *Campus-Zeitung* der
Hochschule Merseburg sowie das Bürger- und Informationsblatt der
Stadt Merseburg, *Der Merseburger*, halten ebenso ihre Interessenten
auf dem Laufenden.

Ortsregister

Das Stichwort Merseburg entfällt, Bauten ohne Ortsnennung beziehen sich auf Merseburg

Personenregister

Abkürzungen:
Adm. = Administrator, Bf. = Bischof, Gf. = Graf, Hz(n). = Herzog(in),
Kg(n) = König(in), Ks(n) = Kaiser(in)

Abbildungsverzeichnis

Bildarchiv der Vereinigten Domstifter (VDS) S. 2, 14, 30 u. (Foto: Peter Ramm), 36, 37 (Foto: Peter Wölk), 38 (Foto: Peter Wölk), 39, 40, 41 (Foto: Peter Wölk), 43 (Foto: Peter Wölk)

Jürgen Ehmke S. 26, 63 u., 64

Hans-Heinrich Meißner S. 29

MERCO-MTW, Merseburg S. 51

Klaus Friedrich Messerschmidt S. 61

Max Herrfurth S. 25

Peter Wölk S. 7, 27, 30 o., 46 u., 47 o./u., 56 o., 58, 66 u., 67 re./li., 69, 70, 72, 73, 74, 82, 96, 99, 101

Peter Ramm S. 18, 56 u, 63 (Foto: unbekannt, Privatarchiv des Autors)

Sigrid Schütze-Rodemann und Gert Schütze, Halle (Saale) Umschlag, S. 11, 20/21, 22, 23, 28, 32/33, 35 o./u., 45 o./u., 48, 49, 50, 52 o./u., 53, 54, 55, 57 o./u., 60, 62 o./u., 66 o., 76/77, 78, 83, 84, 85, 86

Carl-Johannes Rokitansky S. 15, 46 o., 44, 59, 65, 68, 81, 92, 93, 97, 102, 103

Sächsische Landesbibliothek Dresden, Fotothek S. 9

Schlosshotel Schkopau S. 89

Staatsarchiv Marburg S. 8

Staatsbibliothek zu Berlin – Preußischer Kulturbesitz S. 19

Universitäts- und Landesbibliothek Halle S. 16

Der Abdruck der Innenaufnahmen erfolgte mit freundlicher Genehmigung des Kulturhistorischen Museums Schloss Merseburg, des Evangelischen Kirchspiels Merseburg, des Luftfahrt- und Technik-Museumsparks Merseburg, des Ständehauses Merseburg und der Vereinigten Domstifter zu Merseburg und Naumburg.

Umschlag:
vorn: Blick über die Saale auf das alte Merseburg, Schlossgartensalon, Rabenkäfig am Merseburger Schloss, Reiterstandbild Friedrich Wilhelm III., Willi-Sitte-Galerie
hinten: Magistrale, Deutsches Chemie-Museum, Albrecht-Dürer-Schule, Schlossgarten

Stadtpläne und Umgebungskarte: 2D-Grafik-Design Döring GbR (www.2d-grafik-design.de)

Dankeschön

Autor und Verlag danken allen Personen und Institutionen, die zur Qualität dieses Buches maßgeblich beigetragen haben. Besonderer Dank gilt dem Landkreis Saalekreis, den Vereinigten Domstiftern, Frau Dr. Karin Heise, Sigrid Schütze-Rodemann, Gert Schütze, Peter Wölk, Jochen Ehmke, Hans-Heinrich Meißner sowie dem Schlosshotel Schkopau.

Gefördert durch den Landkreis Saalekreis

Haftungsausschluss

Die Angaben in diesem Reiseführer wurden gewissenhaft überprüft. Für die Aktualität, Korrektheit und Vollständigkeit übernimmt der Autor keine Haftung.

Der Autor distanziert sich aus rechtlichen Gründen von allen Inhalten der aufgeführten Internetseiten. Auf aktuelle und zukünftige Gestaltung, die Inhalte oder Urheberschaft der angeführten Internetseiten hat der Autor keinen Einfluss.

2008

© mdv Mitteldeutscher Verlag GmbH, Halle (Saale)

www.mitteldeutscherverlag.de

Gesamtherstellung: Mitteldeutscher Verlag, Halle (Saale)

Druck: druckhaus köthen GmbH, Köthen

ISBN 978-3-89812-559-8

Printed in Germany